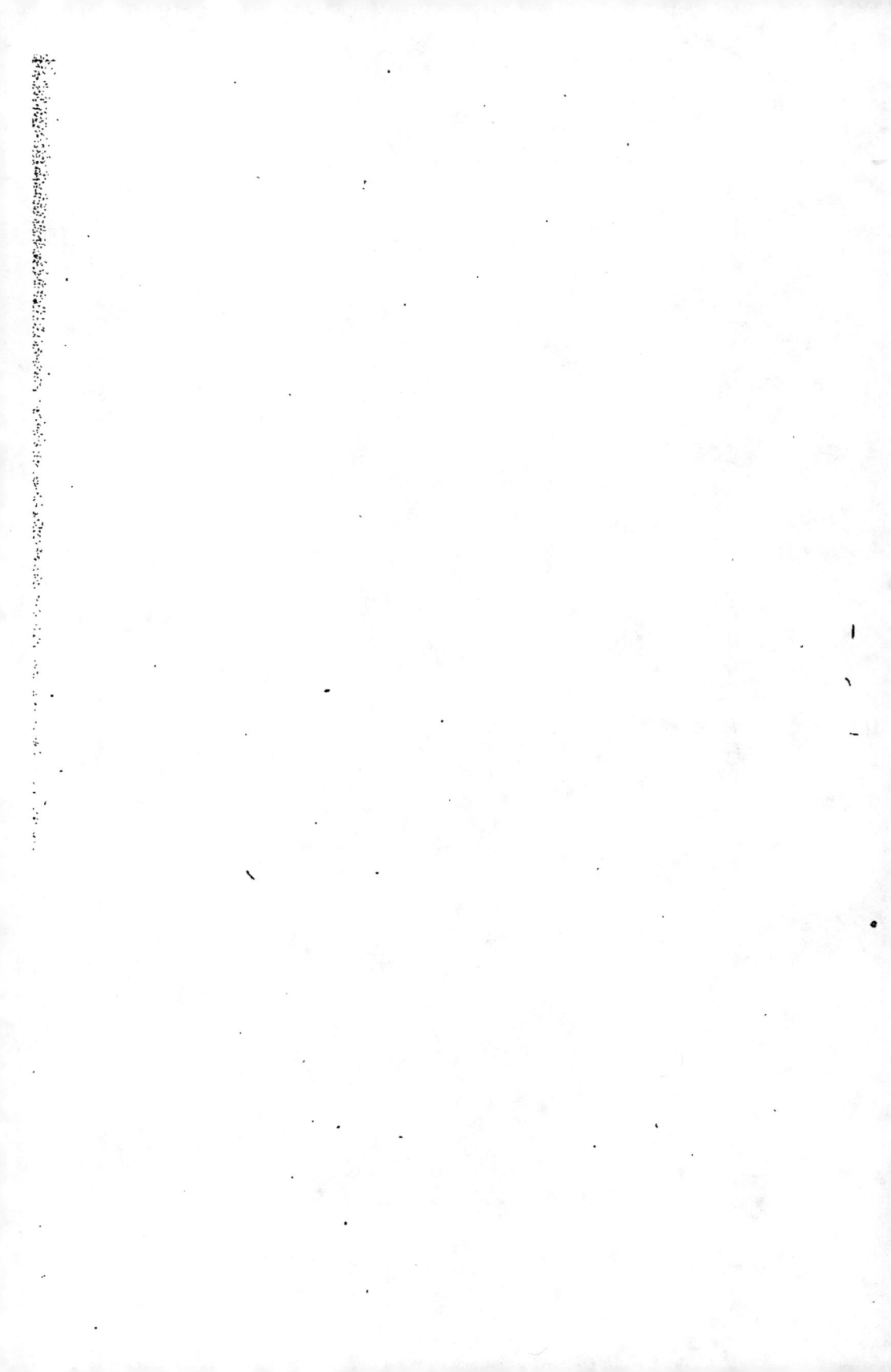

554 4643.

HISTOIRE COMPLÈTE

DE

LOUIS-NAPOLÉON BONAPARTE

PRÉSIDENT DE LA RÉPUBLIQUE FRANÇAISE.

Ornée de son Portrait

Gravé sur acier par l'un de nos meilleurs artistes, et d'une parfaite ressemblance.

AVEC UNE LETTRE AUTOGRAPHE DU PRINCE,

ET CONTENANT EN OUTRE

Des Lettres de Chateaubriand, Odilon Barrot, George Sand, Béranger, etc.

Un Volume in-18, broché,

DE PLUS DE 200 PAGES.

Prix : 1 franc 50 cent.

qui ne seront payés qu'en recevant à domicile, franc de port, dans toute la France.

PARIS.

51, RUE LAFFITTE,

Tirage à 100,000 exemplaires.

—

EUGÈNE PICK, ÉDITEUR,

Paris. — Imprimerie de POMMERET et MOREAU, quai des Augustins, 47.

1850

† † 54

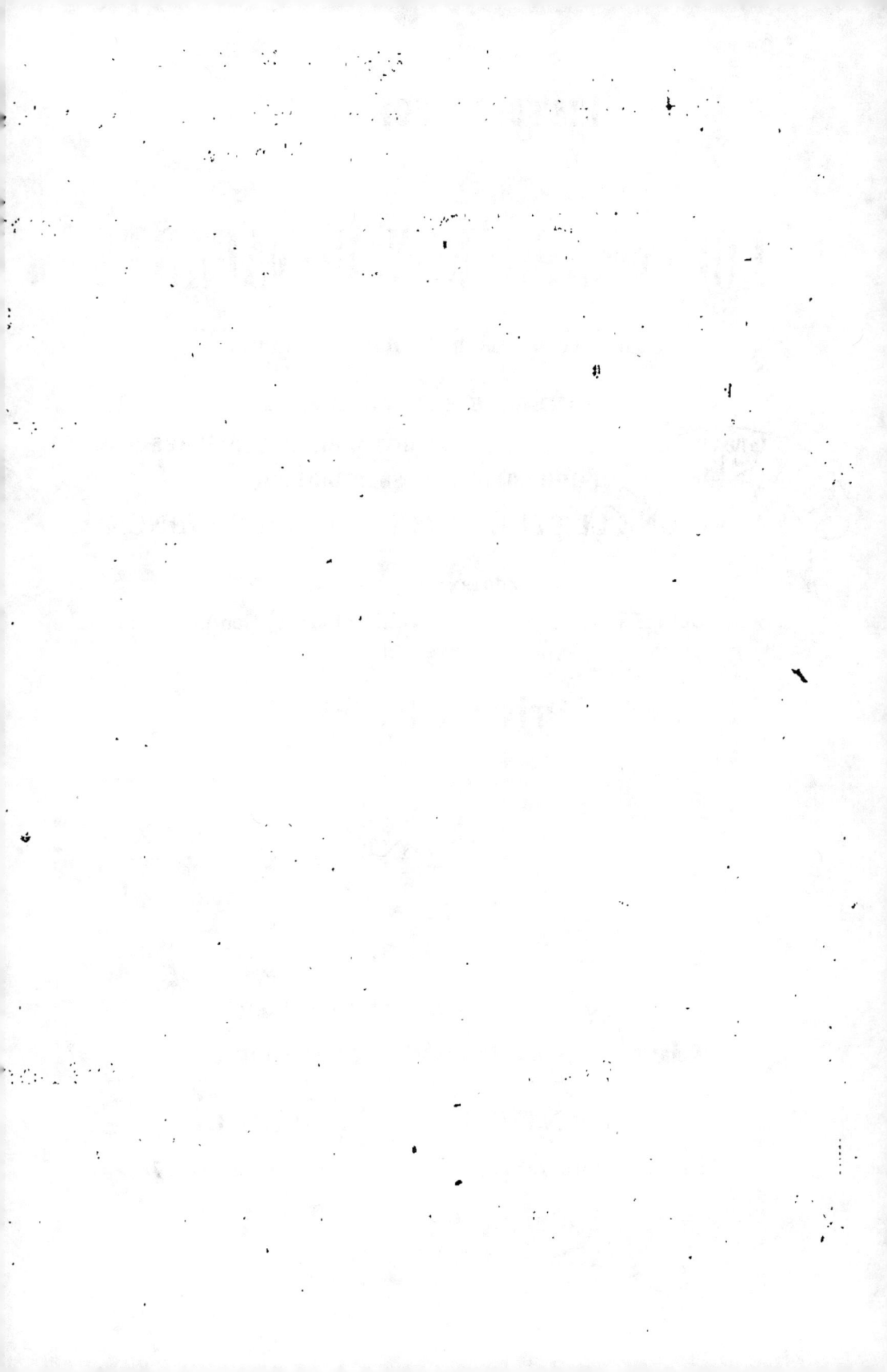

HISTOIRE COMPLÈTE

DE

LOUIS-NAPOLÉON BONAPARTE

PRÉSIDENT DE LA RÉPUBLIQUE FRANÇAISE,

ORNÉE DE SON PORTRAIT

Gravé sur acier par l'un de nos meilleurs artistes, et
d'une parfaite ressemblance.

AVEC UNE LETTRE AUTOGRAPHE DU PRINCE,

ET CONTENANT EN OUTRE

Des Lettres de Chateaubriand, Odilon Barrot, George Sand,
Béranger, etc.

Prix : 1 fr. 50 c.

PARIS.

51, RUE LAFFITTE,

Tirage à 100,000 exemplaires.

—

EUGÈNE PICK, ÉDITEUR.

Imp. de Pommeret et Moreau, quai des Augustins, 17.

HISTOIRE COMPLÈTE

DE

LOUIS-NAPOLÉON BONAPARTE.

Impr. de Madame de Lacombe, r. d'Enghien, 12.

Louis Napoléon Bonaparte

Fort de Ham, le 14 Oct 1844.

Monsieur,

J'ai été bien touché de la lettre que
vous m'avez adressée au nom de plusieurs personnes
de la classe ouvrière, et je suis heureux de
penser que quelques uns de mes concitoyens
rendent justice au patriotisme de mes
intentions. Un témoignage de sympathie
de la part d'hommes du peuple me semble
cent fois plus précieux que ces flatteries
officielles, qu'on prodigue aux principaux
les soutiens de tous les régimes; aussi
m'efforcerai-je toujours de mériter des
éloges et de travailler dans les intérêts
de cette immense majorité du peuple
français qui n'a aujourd'hui ni droits
politiques ni bien être quoiqu'elle soit
la source reconnue de tous les droits
et de toutes les richesses.

Compagnons de malheurs urgents
de la Rochelle vous devez facilement
comprendre quelles sont mes oppressions et

vous avez souffert pour la même
cause que moi, aussi est-ce
avec plaisir que je vous prie
d'être, auprès du signataire de la
lettre que vous m'avez adressée,
l'interprète de mes sentiments de
reconnaissance, et de lui assurer Monsieur
l'expression de mon estime et de
ma sympathie

Napoléon Louis B...

À Monsieur Castille

HISTOIRE COMPLÈTE

DE

LOUIS-NAPOLÉON BONAPARTE,

AVEC

PORTRAIT ET AUTOGRAPHE,

Contenant des Lettres de CHATEAUBRIAND, ODILON BARROT, GEORGE SAND, etc., etc.

PARIS.

51, RUE LAFFITTE.

HISTOIRE

DE

NAPOLÉON-LOUIS BONAPARTE.

—

CHAPITRE PREMIER.

Un proscrit, porteur du plus beau nom des temps modernes, a vu la liberté rouvrir devant lui les portes de la patrie. Il a été accueilli avec des sentiments non équivoques de confraternité, et, comme si la France, sa mère, avait voulu lui payer d'un seul coup les arrérages de ses malheurs passés, dix départements l'ont appelé simultanément aux honneurs de la représentation nationale.

Depuis cette époque, cet homme a été posé par l'opinion publique comme un des prétendants à la Présidence, et de toutes parts, les champions et les adversaires ne lui ont pas fait défaut.

L'auteur de ce livre ne viendra grossir le nombre ni des uns ni des autres. Il croit que c'est mal servir les intérêts généraux que de vouloir faire violence au sentiment universel. Le peuple français a assez de jugement pour qu'il lui soit permis de prononcer, dans sa propre cause, à l'abri de toutes suggestions intéressées.

L'auteur de ce livre n'est donc ni pour ni contre l'homme dont il s'agit, et qui s'appelle Louis-Napoléon Bonaparte ; mais il a cru utile de soumettre à tous la vie esquissée rapidement du neveu de l'Empereur, afin qu'elle serve de base aux appréciations, de motifs aux décisions à prendre. En un mot, dans cette question délicate de candidature et de mérite personnel, il n'est point assez audacieux pour saisir la balance de la justice, mais il y dépose simplement à leur place les faits historiques comme un indispensable contre-poids.

Louis-Napoléon Bonaparte est citoyen de France, il n'a même jamais perdu sa nationalité. Ses détracteurs ont vainement cherché à établir que sa naturalisation, en Suisse, avait porté atteinte à sa qualité de Français, le contraire est prouvé par les lois helvétiques. Il y est positivement dit que la naturalisation de l'étranger n'implique pas l'interdiction de ses droits civils et politiques dans sa patrie.

Il est né le 20 avril 1808, à Paris, de Louis-Napoléon, roi de Hollande, et de la belle Hortense de Beauharnais, fille du général Beauharnais et de l'impératrice Joséphine Cette naissance fut entourée de toute la splendeur consacrée d'ordinaire à la venue d'un héritier du trône. En effet, tout faisait présager que le prince enfant, à défaut d'héritier direct de Napoléon, serait appelé, par ordre de succession, à revêtir à son tour la pourpre impériale.

Il est une remarque qu'aucun historien n'a encore faite, c'est la distance qui sépare la naissance du jeune Napoléon de l'époque de son baptême officiel. Ce ne fut qu'en 1810, au château de Fontainebleau, que l'enfant fut baptisé par le cardinal Fesch. La signature de Joséphine se retrouve sous son nom dans le registre de l'Etat civil de la dynastie impériale, et c'est le nom de Marie-Louise d'Autriche qui figure comme marraine à la cérémonie de son baptême. Des amis du prince, ceux qui depuis dix ans ont vécu dans son intimité, racontent des détails fort touchants sur les premières impressions de son enfance. Il eut un roi pour compagnon de jeux, roi absolu s'il en fut, et qui gouvernait honorairement la ville de saint Pierre avec son hochet d'ivoire. Une tendre amitié l'unissait à ce cousin du même âge que lui, et qui devait, vingt ans après, mourir de langueur et d'ennui dans le palais des Césars autrichiens.

Au milieu des grandeurs impériales, le prince fut élevé d'une façon toute libérale, et initié de bonne heure aux principes de la démocratie. Il sortit des mains de M. Hâse, son premier précepteur, pour être confié au fils du conventionnel Lebas, qui ne négligea rien pour inspirer à son élève les sentiments de justice et de générosité qui font la gloire des hommes politiques et le bonheur des peuples.

A l'âge de sept ans, le prince Napoléon-Louis fut exilé avec le reste de sa famille. On retrouve dans un ouvrage écrit à Londres, d'après des documents authentiques, le récit des douleurs du jeune proscrit que les évènements politiques chassaient du palais de ses pères.

Voici ce que dit l'auteur :

..... « J'avais été introduit auprès de l'empereur.

» Il paraissait triste et soucieux, quoique sa voix fût brève et accentuée, sa pensée claire et précise. J'écoutais avec la plus profonde attention tout ce qu'il me disait, lorsque, détournant les yeux par hasard, je m'aperçus que la porte par laquelle était entré l'empereur était restée entr'ouverte. J'allais faire un pas pour la fermer, quand je vis tout-à-coup un petit enfant se glisser dans l'appartement et s'approcher de l'empereur. C'était un charmant garçon de sept à huit ans, à la chevelure blonde et bouclée, aux yeux bleus et expressifs. Sa figure était empreinte d'un sentiment douloureux; toute sa démarche révélait une émotion profonde qu'il s'efforçait de contenir.

» L'enfant s'étant approché, s'agenouilla devant l'empereur, mit sa tête et ses deux mains sur ses genoux, et alors ses larmes coulèrent en abondance.

— » Qu'as-tu, Louis? s'écria l'empereur d'une voix où perçait la contrariété d'avoir été interrompu; pourquoi pleures-tu? — Sire, ma gouvernante vient de me dire que vous partiez pour la guerre. Oh! ne partez pas! ne partez pas! — Mais pourquoi ne veux-tu pas que je parte? ajouta l'empereur d'une voix subitement adoucie par la sollicitude de son jeune neveu, car c'était le jeune Louis-Napoléon lui-même, le jeune favori de l'empereur; pourquoi ne veux tu pas, mon enfant? lui disait-il en relevant sa tête et en passant sa main dans ses blonds cheveux. Ce n'est pas la première fois que je vais à la guerre : pourquoi t'affliges-tu? Ne crains rien, je reviendrai bientôt.

— » Oh! reprit le jeune prince, toujours en pleurant, oh! mon cher oncle, c'est que les méchants alliés veulent vous tuer; oh! laissez-moi aller, mon oncle, laissez-moi aller avec vous.

» Ici l'empereur ne répondit rien; la tendresse de cet enfant lui allait au cœur. Il prit le jeune prince sur ses genoux, le serra dans ses bras et l'embrassa avec effusion. En ce moment, animé par cette scène touchante, je ne sais quelle idée me passa par la tête; mais j'eus la sottise de parler du roi de Rome, alors prisonnier de l'Autriche.

— » Hélas! s'écria l'empereur, qui sait quand je le reverrai?..

» L'empereur paraissait profondément ému. Bientôt, reprenant toute la fermeté de sa parole : — Hortense, Hortense ! appela-t-il ; et comme la reine s'était empressée d'accourir, il lui dit : Tenez, emmenez mon neveu, et réprimandez sévèrement sa gouvernante, qui, par des paroles inconsidérées, exalte la sensibilité de cet enfant. Puis, après quelques paroles douces et affectueuses au jeune prince pour le consoler, il allait le rendre à sa mère, quand, s'apercevant sans doute combien j'étais attendri : — Tenez, me dit-il vivement, embrassez-le. Il aura un bon cœur et une belle âme. Et pendant que je couvrais le jeune prince de mes baisers et de mes larmes : Et ! mon cher, ajouta-t-il, c'est peut-être l'espoir de ma race.

» Après les Cent-Jours, la reine Hortense se retira en Bavière auprès de son frère le prince Eugène; mais bientôt quelques tracasseries politiques la forcèrent à quitter Augsbourg, première résidence de son exil, où déjà elle avait pris le titre de duchesse de Saint-Leu. Elle acheta et vint habiter le château d'Arenenberg, dans le canton suisse de Thurgovie. Le plus jeune de ses fils, celui qui fait l'objet de cette notice, profita du voisinage de Constance pour se livrer aux exercices militaires avec le régiment badois en garnison dans cette ville. Quelques années après, il vint au camp de Thun, dans le canton de Berne, et suivit toutes les manœuvres sous la direction de M. Ch. Fournier, ancien colonel du génie de la grande armée.

» Ce fut au camp de Thun, qu'il apprit la révolution de juillet. Ses camarades célébrèrent avec lui la résurrection du principe révolutionnaire et le prochain retour en France du jeune prince. « Qui pouvait penser alors, » dit notre bienveillant ami, M. Saint-Edme, « que la famille populaire de l'empereur serait de nouveau retenue dans l'exil par le gouvernement né de l'insurrection nationale; que les vengeances de la Sainte-Alliance seraient exercées de nouveau contre le sang du grand homme par la royauté des barricades; et que les infamants traités de 1815 pèseraient sur les parents de Napoléon comme sur la France. »

Ce fut dans la cathédrale d'Augsbourg que Napoléon-Louis fut confirmé par le chef du diocèse, sous le patronage du prince Eugène qui l'aimait comme son fils. M. Lebas, maître des conférences à l'école normale, donna tous les soins à son éducation classique; il obtint de grands succès dans les sciences exactes et apprit à parler couramment l'italien, l'allemand et l'anglais Il devint excellent cavalier, nageur intrépide, maître passé dans le maniement de toutes les armes et la science des manœuvres militaires qui lui fut enseignée par le général Dufour, colonel du génie de la grande armée.

Proscrit par les Bourbons, Louis-Napoléon embrassa la cause de l'indépendance italienne. Il partit avec son frère aîné à la tête de quelques braves, et s'empara de Civita-Castellana. Malheureusement la victoire ne favorisa pas la cause de la liberté. Ecrasés par le nombre, les patriotes italiens furent poursuivis par les troupes du despotisme, et l'aîné des deux frères mourut à Forli des fatigues de cette campagne.

Celui qui devait lui survivre, Louis-Napoléon Bonaparte, était tombé malade à Ancône, assez dangereusement, pour qu'on craignît pour son existence ou tout au moins pour sa liberté. La reine Hortense déploya dans cette occasion un courage et une énergie admirables. Sous le nom d'une dame anglaise, à l'aide d'un passeport anglais, elle enleva à la barbe du général autrichien, son fils agonisant, et traversant ainsi toute l'Italie, elle arriva à Paris, le 20 mars 1831.

Le prince et sa mère demeurèrent pendant un

mois dans un hôtel de la rue de la Paix. La police de Louis-Philippe, effrayée de la popularité de leur nom, les somma de quitter sur-le-champ la capitale. Napoléon-Louis retarda son départ, espérant obtenir l'honneur de servir dans l'armée française. Il s'adressa, tour à tour, aux plus illustres lieutenants de son oncle, au maréchal Soult, au maréchal Gérard, au lieutenant-général Pajol, à MM. Gourgaud et Petit. Il demandait, pour toute grâce, de concourir comme le plus humble enfant du peuple, aux examens de l'École Polytechnique. Cette justice lui fut refusée. Le prince quitta Paris, et après un court séjour à Londres, il retourna dans le château de sa mère.

Cette charmante résidence créée par la reine Hortense est située dans le canton suisse de Thurgovie. La fille de Joséphine avait dû lutter contre le mauvais vouloir de la Sainte-Alliance pour obtenir cette hospitalité d'un pays presque français. Elle avait fait élever sur les bords pittoresques du lac de Constance à Arenenberg, une demeure magnifique qui semblait un souvenir égaré des splendeurs du grand règne. Les sculptures, les peintures, les tableaux, tout y représente l'Empire, tout évoque à la pensée ces lumineuses traditions de douleurs et de gloire.

Nous trouvons dans une biographie du prince, l'anecdote suivante :

« Le prince allait souvent se promener à cheval dans les montagnes des environs.

» Un jour, arrivé près d'un petit village, sur le plateau élevé qui domine le lac, son attention fut attirée par les cris d'une foule effrayée.

» Deux chevaux attelés à une légère calèche avaient pris le mors aux dents et s'élançaient dans la direction d'un affreux précipice. Le cocher avait été renversé, et une dame, seule avec deux enfants dans la voiture, poussait des cris déchirants.

» Mais le prince a vu le danger et aussitôt lançant son cheval de toute sa vitesse à travers les champs et les ravins, pour devancer la voiture, il l'atteint sur le bord de l'abîme, saisit l'un des chevaux par le mors et le détourne d'une main si vigoureuse, que l'animal s'abat et que la voiture s'arrête aux applaudissements de la population accourue en reconnaissant le prince dans ce hardi cavalier. »

Dans cette retraite d'Arenenberg, Louis-Napoléon se livra à des travaux littéraires sérieux. Il y écrivit, sous la dictée de sa mère, des mémoires, qui, s'ils paraissent un jour, rectifieront bien des erreurs commises par Constant, Bourrienne et Mlle Cochelet.

En août 1831, éclata l'insurrection polonaise. Varsovie faisait un appel aux armes. Les sentiments démocratiques qui avaient foudroyé les Bourbons sur leur trône, menaçaient l'antique sceptre des Czars. Des peuples jaloux de briser les fers de la servitude appelaient toutes les âmes d'élite à cette grande guerre de l'émancipation. Parmi les appels qui furent adressés aux notabilités libérales de cette époque, nous devons citer la lettre suivante qui fut envoyée au neveu de l'empereur dans sa retraite de Thurgovie.

« A qui la direction de notre entreprise pourrait-elle être mieux confiée qu'au neveu du plus grand capitaine de tous les siècles ? Un jeune Bonaparte apparaissant sur nos plages, le drapeau tricolore à la main, produirait un effet moral dont les suites sont incalculables. Allez donc, jeune héros, espoir de notre patrie; confiez à des flots, qui connaîtront votre nom, la fortune de César, et, ce qui vaut mieux, les destinées de la liberté. Vous aurez la reconnaissance de vos frères d'armes et l'admiration de l'univers.

» 28 août 1831.   » Le général KNIAZEWIE.

     « Le comte PLATER, etc. »

Tout rempli d'une belliqueuse ardeur, le prince résolut de répondre à ce cri d'honneur qui demandait un écho ; mais sa mère, désolée, se jeta à ses genoux, le suppliant de ne point l'abandonner, lui qui était devenu son unique consolation. Emu par les larmes qu'il faisait couler, il promit de différer son départ ; mais incapable de résister au cri de sa conscience, il trompa la surveillance dont il était l'objet, et se rendit en toute hâte en Pologne, trop tard pour défendre sa cause, car il apprit à la frontière le sac de Varsovie.

— Mon fils, lui dit la reine Hortense à son retour, jurez-moi de ne plus me quitter ; puisque votre première mère, la patrie, vous délaisse, j'ai le droit d'exiger tous vos instants.

De 1831 à 1832, Louis-Napoléon publia *ses Rêveries politiques et ses Considérations militaires sur la Suisse.* C'est ce dernier ouvrage qui lui valut le titre de citoyen de l'Helvétie, et plus tard, en juin 1834, le brevet de capitaine d'artillerie du régiment de Berne.

Avant de suivre le prince Louis-Napoléon Bonaparte sur la scène politique, où il est appelé à jouer un si grand rôle, nous devons donner ici son portrait peint d'après nature par un écrivain contemporain :

« Le prince, dit l'auteur des *Lettres de Londres,* est d'une physionomie agréable, d'une taille moyenne, d'une tournure militaire. Il joint à la distinction de sa personne, la distinction plus séduisante de ses manières simples, naturelles, pleines d'aisance et de bon goût, qui semblent l'apanage des classes supérieures. Au premier abord j'ai été frappé de sa ressemblance avec le prince Eugène et avec l'impératrice Joséphine, sa grand'mère ; mais je n'ai pas remarqué une égale ressemblance avec l'Empereur. Il est vrai que n'ayant ni l'ovale de figure, ni les joues pleines, ni le teint bilieux de son oncle, l'ensemble de la figure est privé de quelques-unes des particularités qu'on remarque dans la tête de l'Empereur, et qui suffisent pour donner aux portraits les plus infidèles et les plus informes une certaine ressemblance avec Napoléon. Les moustaches qu'il porte avec une légère impériale sous la lèvre inférieure, impriment d'ailleurs à sa physionomie un caractère militaire d'une nature trop spéciale, pour ne pas nuire à sa ressemblance avec son oncle. Mais en observant attentivement les traits essentiels, c'est-à-dire ceux qui ne tiennent pas au plus ou moins d'embonpoint et au plus ou moins de barbe, on ne tarde pas à découvrir que le type napoléonien est reproduit avec une étonnante fidélité. C'est, en effet, le même front élevé, large et droit, le même nez aux belles proportions, et les mêmes yeux gris, quoique l'expression en soit adoucie ; ce sont surtout les mêmes contours et la même inclinaison de la tête, tellement empreinte du caractère napoléonien, que quand le prince se retourne, c'est à faire frissonner un soldat de la vieille garde ; et si l'œil s'arrête sur le dessin de ces formes si correctes, il est impossible de ne pas être frappé, comme devant la tête de l'empereur, de l'imposante fierté de ce profil romain, dont les lignes si pures et si graves, j'ajouterai même si solennelles, sont comme le cachet des grandes destinées.

» Le caractère distinctif des traits du jeune Napoléon est la noblesse et la sévérité ; et cependant, loin d'être dure, sa physionomie respire, au contraire, un sentiment de bonté et de douceur. Il semble que le type maternel, qui s'est conservé dans la partie inférieure du visage, soit venu corriger la rigidité des lignes impériales, comme le sang des Beauharnais paraît avoir tempéré en lui la violence méridionale du sang napoléonien. Mais ce qui excite surtout l'intérêt, c'est cette teinte indéfinissable de mélancolie et de méditation répandue sur toute sa personne, et qui révèle les nobles douleurs de l'exîl.

» Maintenant, d'après ce portrait, il ne faut pas vous représenter un beau jeune homme, un de ces Adonis de roman qui excitent l'admiration des boudoirs. Rien d'efféminé dans le jeune Napoléon. Les nuances sombres de sa physionomie indiquent une nature énergique ; sa contenance assurée, son regard à la fois vif et penseur, tout en lui montre une de ces natures exceptionnelles, une de ces âmes fortes qui se nourrissent de la préoccupation des grandes choses, et qui seules sont capables de les accomplir. »

L'auteur des *Lettres de Londres*, passant aux occupations de Louis-Napoléon et au genre de vie qu'il menait à Londres, ajoute : « Le prince est un homme de travail et d'activité, sévère pour lui-même, indulgent pour les autres. Dès six heures du matin, il est dans son cabinet où il travaille jusqu'à midi, heure de son déjeûner. Après ce repas, qui ne dure jamais plus de dix minutes, il lit les journaux et fait prendre des notes sur ce qu'il y a de plus important dans les nouvelles et la politique du jour. A deux heures, il reçoit des visites ; à quatre, il sort pour ses affaires particulières ; il monte à cheval à cinq et dîne à sept ; puis, ordinairement, il trouve encore le temps de travailler plusieurs heures dans la soirée.

» Quant à ses goûts et à ses habitudes, ils sont ceux d'un homme qui n'apprécie la vie que par son côté sérieux ; il ne connaît pas le luxe pour lui-même. Dès le matin, il s'habille pour toute la journée ; de toute sa maison il est le plus simplement mis, quoiqu'il y ait toujours dans sa tenue une certaine élégance militaire. Dès sa plus tendre jeunesse, il méprisait les usages d'une vie efféminée et dédaignait les futilités du luxe. Quoique alors une somme considérable fût déjà consacrée par sa mère à son entretien, c'était toujours la dernière chose à laquelle il

pensait. Tout cet argent passait à des actes de bien
faisance, à fonder des écoles ou des salles d'asile, à
étendre le cercle de ses études, à imprimer ses ouvrages politiques ou militaires, comme son *Manuel
d'Artillerie*, ou bien à des expériences scientifiques.
Sa manière de vivre a toujours été rude et frugale.
A Arenenberg, elle était toute militaire. Son appartement, situé, non dans le château, mais dans un pavillon à côté, n'offrait rien de ce faste et de cette recherche qu'on remarquait dans la demeure de la
re ne Hortense. C'était vraiment la tente d'un soldat.
On n'y voyait ni tapis, ni fauteuils, ni ri n de ce qui
peut énerver le corps, mais d s livres de sciences et
des armes de toute espèce. Pour lui-même, dès la
pointe du jour, il était à cheval, et avant que personne fût levé au château, il avait déjà fait plusieurs
lieues quand il se mettait au travail dans son cabinet.
Habitué aux exercices militaires, cavalier des plus
adroits que l'on puisse voir, il ne passait pas de jours
sans se livrer à quelques-uns de ces exercices, comme
celui du sabre et de la lance à cheval, et le maniement des armes de l'infanterie, qu'il exécutait avec
une adresse et une rapidité extraordinaires. »

La vie de Louis-Napoléon se passa dans l'étude, de
1831 à 1835. Selon toute probabilité, la tentative de
Strasbourg fut conçue en 1836 par le prince, lors de
son séjour à Bade. Il y vit le colonel Vaudrey, qui commandait, à Strasbourg, le 4e régiment d'artillerie, et
qui, le 30 octobre de la même année, devait avoir
dans l'insurrection un rôle important.

CHAPITRE II.

Le prince Louis-Napoléon à Bade. — Premier plan de l'insurrection de Strasbourg. — Garnison de cette ville. — Le régiment du colonel Vaudrey. — Lecture des proclamations faites aux officiers. — Lettres à la reine Hortense. — Costume militaire du prince. — La vérité sur le petit chapeau. — Allocution du colonel Vaudrey au 4ᵉ d'artillerie. — Discours du prince aux soldats. — Arrestation du général Voirol. — Tumultes du quartier Finkmatt. — Incarcération du prince et de ses adhérents. — Sa translation à Paris. — Son embarquement pour l'Amérique. — Procès des accusés de Strasbourg. — Acquittement.

Le prince, voulant faire secouer à la France le joug des Bourbons de la branche cadette voulait s'emparer de Strasbourg comme d'une place forte, pour marcher ensuite vers la capitale, en traversant les Vosges et la partie de la France la plus dévouée aux idées napoléoniennes, c'est-à-dire la Lorraine et la Champagne qui devaient servir d'escorte au nouveau prétendant, de l'Alsace jusqu'à Paris.

Voici comment était composée la garnison de Strasbourg : 1° Deux régiments d'artillerie.

2° Un régiment de pontonniers.

3° Le 46ᵉ de ligne.

4° Le 16ᵉ de ligne.

5° Le 14ᵉ léger.

6° Un bataillon du génie.

Le plan de la conjuration dut être établi entre le prince et le colonel Vaudrey, qui commandait, ainsi que nous venons de le dire, l'un des régiments d'artillerie, le 4ᵉ, dans les rangs duquel Napoléon avait fait le siége de Toulon. Les emplois furent distribués, et alors commença l'étrange entreprise qui devait être si diversement interprétée.

Le prince avait loué à Strasbourg, sous un nom supposé, un appartement à deux cents pas du quartier d'Austerlitz occupé par le régiment du colonel Vaudrey. Le 30 octobre, à 3 heures du matin, on fit prévenir les officiers qui faisaient partie de la conjuration, et Louis-Napoléon Bonaparte leur lut les proclamations suivantes au peuple et à l'armée :

« AU PEUPLE FRANÇAIS.

» FRANÇAIS !

» On vous trahit ; vos intérêts politiques, vos intérêts commerciaux, votre honneur, votre gloire, sont vendus à l'étranger.

» Et par qui ? par des hommes qui ont profité de votre belle révolution et qui en renient tous les principes. Est-ce donc pour avoir un gouvernement sans parole, sans honneur, sans générosité, des institutions sans force, des lois sans liberté, une paix sans prospérité et sans calme, enfin, un présent sans avenir, que nous avons combattu depuis quarante ans ?

» En 1830, on imposa un gouvernement à la France, sans consulter ni le peuple de Paris, ni le peuple des provinces, ni l'armée française ; tout ce qui a été fait sans vous, est illégitime.

» Un congrès national, élu par tous les citoyens, peut seul avoir le droit de choisir ce qui convient le mieux à la France.

» Fier de mon origine populaire, fort de quatre millions de votes qui me destinaient au trône, je m'avance devant vous comme un représentant de la souveraineté du peuple.

» Il est temps qu'au milieu du chaos des partis, une voix nationale se fasse entendre; il est temps qu'au cri de la liberté trahie, vous renversiez le joug honteux qui pèse sur notre belle France; ne voyez-vous pas que les hommes qui règlent nos destinées sont encore les traîtres de 1814 et de 1815, les bourreaux du maréchal Ney?

» Pouvez-vous avoir confiance en eux?

» Ils font tout pour complaire à la Sainte-Alliance; pour lui obéir, ils ont abandonné les peuples nos alliés; pour se soutenir, ils ont armé le frère contre le frère; ils ont ensanglanté nos villes, ils ont foulé aux pieds nos sympathies, nos volontés, nos droits.

» Les ingrats ! ils ne se souviennent des barricades que pour préparer les forts détachés; méconnaissant la grande nation, ils rampent devant les puissants et insultent les faibles. Notre vieux drapeau tricolore s'indigne d'être plus longtemps entre leurs mains ! Français ! que le souvenir du grand homme qui fit tant pour la gloire et la prospérité de la patrie vous ranime ! Confiant dans la sainteté de ma cause, je me présente à vous, le testament de l'empereur Napoléon d'une main, son épée d'Austerlitz de l'autre. Lorsqu'à Rome le peuple vit les dépouilles ensanglantées de César, il renversa ses hypocrites oppresseurs. Français, Napoléon est plus grand que César; il est l'emblème de la civilisation au XIXe siècle.

» Fidèle aux maximes de l'Empereur, je ne connais d'intérêts que les vôtres, d'autre gloire que celle d'être utile à la France et à l'humanité. Sans haine, sans rancune, exempt de l'esprit de parti, j'appelle sous l'aigle de l'Empereur tous ceux qui sentent un cœur français battre dans leur poitrine.

» J'ai voué mon existence à l'accomplissement d'une grande mission. Du rocher de Sainte-Hélène, un rayon du soleil mourant a passé dans mon âme. Je saurai garder ce feu sacré, je saurai vaincre ou mourir pour la cause du peuple.

» Hommes de 1789, hommes du 20 mars 1815, hommes de 1830, levez-vous ! voyez qui vous gouverne, voyez l'aigle, emblème de gloire, symbole de liberté, et choisissez !

» Vive la France ! vive la Liberté !

» NAPOLÉON. »

» A L'ARMÉE !

» Soldats !

» Le moment est venu de recouvrer votre ancienne splendeur ! Faits pour la gloire, vous pouvez moins que d'autres supporter plus longtemps le rôle honteux qu'on vous fait jouer. Le gouvernement qui trahit nos intérêts civils, voudrait aussi ternir notre honneur militaire. L'insensé ! croit-il que la race des héros d'Arcole, d'Austerlitz, de Wagram, soit éteinte ?

» Voyez le lion de Waterloo, encore debout sur nos frontières ; voyez Huningue, privé de ses défenses ; voyez les grades de 1815 méconnus ; voyez la Légion-d'Honneur prodiguée aux intrigants et refusée aux braves ; voyez notre drapeau... il ne flotte nulle part où nos armées ont triomphé ! Voyez enfin, partout trahison, lâcheté, influence étrangère, et écriez-vous avec moi : Chassons les barbares du Capitole ! Soldats, reprenez ces aigles que nous avions dans nos grandes journées ; les ennemis de la France ne peuvent en soutenir les regards ; ceux qui nous gouvernent ont déjà fui devant elles ! Délivrer la patrie des traîtres et des oppresseurs, protéger les droits du peuple, défendre la France et ses alliés contre l'invasion ; voilà la route où l'honneur vous appelle ; voilà votre sublime mission.

» Soldats français, quels que soient vos antécédents, venez tous vous ranger sous le drapeau tricolore régénéré ; il est l'emblème de vos intérêts et de votre gloire. La patrie divisée, la liberté trahie, l'humanité souffrante, la gloire en deuil comptent sur vous ; vous serez à la hauteur des destinées qui vous attendent.

» Soldats de la République, soldats de l'Empire, que mon nom réveille en vous votre ancienne ardeur. Et vous, jeunes soldats, qui êtes nés comme moi au bruit du canon de Wagram, souvenez-vous que vous êtes les enfants des soldats de la grande armée. Le soleil de cent victoires a éclairé notre berceau. Que nos hauts faits ou notre trépas soient dignes de notre naissance. Du haut du ciel, la grande ombre de Napoléon guidera nos bras, et contente de nos efforts, elle s'écriera : « Ils étaient dignes de leurs pères !

» Vive la France ! vive la Liberté !

» NAPOLÉON. »

Deux heures après, le prince écrivit deux lettres à sa mère, l'une annonçant la réussite du projet qu'il avait eu soin de lui cacher ; l'autre annonçant le non-succès et le regret qu'il avait de ne pouvoir faire excuser, par son triomphe, une infraction aux ordres maternels.

— Monsieur, dit-il à la personne chargée de cette correspondance, vous enverrez l'une ou l'autre lettre suivant l'issue de notre tentative !

Le prince avait revêtu un costume militaire. Il portait les épaulettes de colonel ; les insignes de la Légion-d'Honneur, et un chapeau qui ressemblait au chapeau historique de l'Empereur. Son habit était bleu, avec passe-poils rouges. Il portait à son côté un sabre de carabiniers, et dans sa main les exemplaires imprimés des proclamations qu'on vient de lire. Ainsi vêtu, le prince avait, au dire des journaux ministériels, emprunté à l'Empereur la poésie de son costume. Mais, dans un travail que nous parcourons et qui émane d'un fervent ami de la famille Bonaparte, l'auteur fait judicieusement observer que l'Empereur portait un habit vert, et que, du reste, le chapeau du prince, loin d'être une imitation de la coiffure historique, appartenait à la petite tenue des officiers d'artillerie, à cette époque.

On entendit alors sonner l'assemblée au quartier d'Austerlitz. Le colonel Vaudrey fit introduire le neveu de l'empereur devant tout le régiment réuni dans la cour ; puis tirant son sabre, il s'écria :

« Soldats du 4ᵉ régiment d'artillerie, une grande révolution commence en ce moment. Le neveu de l'empereur, le prince Louis-Napoléon Bonaparte, ici présent, vient se mettre à votre tête. Il arrive sur le sol français pour reconquérir les droits du peuple et rendre à la France sa gloire et sa liberté. Il s'agit de vaincre ou de mourir pour une grande cause, pour la cause du peuple. Soldats du 4ᵉ régiment d'artillerie, le neveu de l'empereur Napoléon peut-il compter sur vous ?

— « Oui, mon colonel ! » s'écria chaque soldat avec un enthousiasme impossible à décrire. »

A ces mots dits avec une véhémence et un enthousiasme extraordinaires, les cris de : *Vive l'empereur !* partirent de toutes les poitrines. On entoura le prince comme si on eût voulu l'étouffer sous les embrassements. On baisait les pans de son habit : c'était du délire. Louis-Napoléon fit signe de la main qu'il voulait parler, et aussitôt un calme absolu succéda à l'émotion universelle.

« Soldats ! dit-il, lorsqu'il eut obtenu le silence, soldats ! résolu à vaincre ou mourir pour la liberté du peuple français, c'est à vous les premiers que j'ai voulu me présenter, parce qu'entre vous et moi il existe de grands souvenirs. C'est dans votre régiment que l'empereur Napoléon, mon oncle, a fait ses premières armes, c'est dans vos rangs qu'il s'est illustré au siège de Toulon ; et c'est encore votre brave régiment qui lui ouvrit les portes de Grenoble, au retour de l'île d'Elbe. Soldats ! de nouvelles destinées vous sont réservées. A vous, la gloire de commencer une grande entreprise ; à vous, l'honneur de saluer les premiers l'aigle d'Austerlitz et de Wagram ! »

« Soldats ! ajouta-t-il, voici le symbole de la gloire française destiné désormais à devenir aussi l'emblème de la liberté. Pendant quinze ans, il a conduit nos pères à la victoire, il a brillé sur tous les champs de bataille, il a traversé toutes les capitales de l'Europe. Soldats ! ralliez-vous à ce noble étendard ; je le confie à votre honneur, à votre courage. Marchons ensemble contre les traîtres et les oppresseurs, aux cris de : VIVE LA FRANCE ! VIVE LA LIBERTÉ ! »

Il faut, dit M de Persigny, dans la relation qu'il publia, avoir été témoin de cette scène touchante pour comprendre tout ce que la magie du nom de Napoléon peut réveiller de nobles passions. Il faut avoir entendu les acclamations de tout ce régiment qui reconnut le neveu de l'empereur, pour comprendre combien peu le prince s'était trompé sur les véritables sentiments de l'armée.

Aussitôt les conjurés se dirigèrent vers l'hôtel du lieutenant-général Voirol, commandant la division. On le trouva couché et bien surpris, comme on le pense, de cette subite invasion militaire qui le faisait prisonnier à six heures du matin.

Voirol, lui dit le prince, je viens relever, comme neveu de l'empereur, le vieux drapeau que vous avez illustré. Voici ma main, ne nous privez pas du concours d'un brave officier tel que vous.

— Je ne saurais voir ici, dit le général, qu'une insurrection dont je puis subir la violence, mais qui ne saurait me faire violer mon serment de fidélité au roi.

A ce refus du général, on le fit prisonnier dans sa chambre, aux portes de laquelle on établit une garde. Puis, Louis-Napoléon se dirigea vers la caserne Finkmatt, occupée par le 46e de ligne. Ici il est bon de faire comprendre le plan de la conspiration.

Les troupes de Strasbourg habitaient des casernes situées le long des remparts de la ville et séparées les unes des autres par d'assez grandes distances. Le 46e occupait seul l'extrémité du cordon de remparts, sur lequel se trouvaient l'Hôtel-de-Ville, la Préfecture, les bureaux de la Division, les bureaux du maréchal-de-camp et l'autre régiment d'artillerie. Malheureusement, au lieu de se diriger vers ce point central, la colonne privée de son guide, officier d'état-major, alors délégué pour aller arrêter le préfet, alla se masser dans le faubourg Saint-Pierre. Le prince se trouva ainsi isolé, entouré seulement d'un petit groupe d'officiers ; il comprit alors toute la gravité de sa faute. Au lieu de paraître à la tête d'un régiment plein d'enthousiasme, il allait agir seul, devant des régiments qui lui étaient moins dévoués.

Toutefois ces obstacles ne le déconcertèrent point. Arrivé à la porte du quartier Finkmatt, il n'y trouva que l'adjudant-major de garde, qui se refusa à exécuter l'ordre de faire descendre les troupes. Ces manifestations demeurèrent donc à l'état d'isolement, et bientôt le bruit courut que le jeune conspirateur n'était point le neveu de Napoléon, mais un audacieux aventurier. Ces soupçons prirent de la consistance ; des menaces furent proférées ; des disputes s'engagèrent, et le prince fut obligé de battre en retraite, pour éviter l'effusion du sang. Au même instant, le 4e régiment d'artillerie, inquiet de ne pas voir son colonel, fait irruption dans la cour du quartier et se mêle au tumulte. Les chevaux, effrayés par les clameurs, jettent le désordre dans tous les rangs et rendent impossibles les mouvements. Une collision sanglante allait s'engager, quand le colonel Taillandier du 46e de ligne, s'empara du colonel Vaudrey, fit arrêter le prince et le retint prisonnier.

Il est incontestable que l'entreprise de Louis-Napoléon Bonaparte à Strasbourg ne peut être considérée comme échauffourée. S'il se fût présenté à la tête du 4e régiment d'artillerie devant le quartier Finkmatt, au lieu d'y arriver escorté par une poignée d'officiers, l'immense majorité des soldats venaient grossir la troupe, qui se fût renforcée, en sortant, du 3e de la même arme, qui n'attendait qu'un ordre pour marcher à son commandement. D'ailleurs, le prince avait pris pour modèle, dans cette tentative, l'empereur Napoléon lui-même. Il avait pensé, avec raison, que comme moyen d'action immédiate, l'influence du nom prévaut sur l'influence du nombre, et il s'était souvenu du débarquement de l'île d'Elbe, à la suite duquel on vit une poignée d'hommes, reconquérir sans combat, le premier empire du monde.

Le même jour, 30 octobre 1836, le prince fut incarcéré avec les officiers ayant figuré ostensiblement dans la conspiration. — Il s'empressa d'assumer sur sa tête la responsabilité de l'entreprise, et écrivit une lettre en ce sens au lieutenant-général Voirol.

Le prince demeura dix jours au secret le plus absolu. Il devina qu'avant de prendre à son égard des mesures définitives, on avait voulu écrire au ministre de l'intérieur. Le onzième jour, le 9 novembre, au soir, le général Voirol et le préfet du département, Chopin d'Arnouville, emmenèrent le prince sans répondre à ses questions. Il le firent monter dans une chaise de poste, accompagné d'un lieutenant et de quatre sous-officiers, et il fut ainsi conduit à Paris, où il arriva le 12, à deux heures du matin.

Ce fut M. Delessert, préfet de police, qui reçut le prince.

— Que veut-on faire de moi? demanda Napoléon-Louis. La Cour des Pairs me jugera-t-elle?

— Non, Monseigneur.

— Pourquoi?

— Parce que le roi, sollicité par votre mère la reine Hortense, doit vous faire embarquer à Lorient pour les États-Unis.

Ce fut sous les yeux de M. Delessert que le prince écrivit à sa mère la lettre suivante :

« Ma chère mère,

» Je reconnais à votre démarche toute votre tendresse pour moi ; vous avez pensé au danger que je courais, mais vous n'avez pas pensé à mon honneur, qui m'obligeait à partager le sort de mes compagnons d'infortune. Cela a été pour moi une douleur bien vive que d'abandonner ces hommes que j'avais entraînés à leur perte, lorsque ma présence et mes dispositions auraient pu influencer le jury en leur faveur. J'écris au roi pour le prier de jeter un regard de bonté sur eux; c'est la seule grâce qui peut me toucher.

» Je pars pour l'Amérique; mais, ma chère mère, si vous ne voulez pas augmenter ma douleur, je vous en conjure, ne me suivez pas. L'idée de faire partager à ma mère mon exil de l'Europe serait, aux yeux du monde, une tache indélébile pour moi, et pour mon cœur cela serait un chagrin cuisant. Je vais en Amérique faire comme Achille Murat, me créer moi-même une existence; il me faut un intérêt nouveau pour pouvoir m'y plaire.

» Je vous prie, chère maman, de veiller à ce qu'il ne manque rien aux prisonniers de Strasbourg; prenez soin des deux fils du colonel Vaudrey, qui sont à Paris avec leur mère. Je prendrais facilement mon parti, si je savais que mes autres compagnons d'infortune auront la vie sauve; mais avoir sur la conscience la mort de braves soldats, c'est une douleur amère qui ne peut jamais s'effacer.

» Adieu, ma chère maman; recevez mes remercîments pour toutes les marques de tendresse que vous me donnez; retournez à Arenenberg, mais ne venez pas me rejoindre en Amérique ; j'en serais trop malheureux. Adieu, recevez mes tendres embrassements; je vous aimerai toujours de tout mon cœur.

» Votre tendre et respectueux fils,

» NAPOLÉON-LOUIS B. »

Avant cette lettre, le prince avait cru que le jury serait appelé à prononcer sur son sort. Fort de cette conviction, il avait écrit de la prison de Strasbourg, les lignes suivantes que M. Odilon-Barrot possède encore; elles sont précieuses pour l'histoire que nous écrivons, car elles expriment ses desseins et ses intentions.

A MM. les Jurés.

« Messieurs,

» Ce n'est pas ma vie que je viens défendre devant vous, j'y ai renoncé en mettant le pied sur le territoire français, mais c'est mon honneur et mon droit.

» Oui, Messieurs, mon droit! Après 1830, j'ai demandé à rentrer en France comme citoyen, on m'a repoussé; j'ai demandé à servir comme simple soldat, on ne m'a pas répondu, on m'a traité en prétendant. — Ne croyez pas cependant que je ne prétendisse qu'au désir de m'asseoir sur une chaise recouverte de velours; mes idées étaient plus élevées; je voulais remettre le peuple dans ses droits, je voulais convoquer un congrès national, qui, consultant les antécédents et les besoins de chacun, eût fait des lois françaises sans emprunter à l'Angleterre ou à l'Amérique des constitutions qui ne peuvent nous convenir.

» L'empereur a accompli sa mission civilisatrice, il a préparé les peuples à la liberté, en introduisant dans les mœurs les principes d'égalité, et en faisant du mérite la seule raison pour parvenir... Tous les gouvernements qui se sont succédé ont été exclusifs, les uns s'appuyant sur la noblesse et le clergé, les autres sur une aristocratie bourgeoise, d'autres enfin, uniquement sur les prolétaires. Le gouvernement de l'empereur, au contraire, s'appuyait sur le peuple, comme un général sur son armée.

» Le gouvernement de Napoléon reçut quatre fois la

sanction populaire. En 1804, le peuple français reconnut par 4,000,000 de votes l'hérédité dans la famille impériale. Depuis, il n'a plus été consulté. Comme aîné des neveux de l'empereur, je pouvais donc me considérer, non comme le représentant de l'empire, car depuis vingt ans les idées ont dû changer, mais comme le représentant de l'Assemblée nationale; j'ai toujours considéré l'aigle comme l'emblème des droits du peuple, et non comme l'emblème des droits d'une famille... Fort de ces idées et de la sainteté de ma cause, je me suis écrié: Les princes qui se disent de droit divin trouvent des hommes qui consentent à mourir pour eux, pour rétablir les abus et les priviléges; et moi, dont le nom rappelle la gloire et la liberté, mourrai-je donc seul dans l'exil? Non, m'ont répondu mes braves compagnons d'infortune, nous mourrons avec vous, ou nous vaincrons ensemble pour la cause du peuple français.

» Ne croyez pas que j'aie voulu singer les derniers empereurs romains que la soldatesque élevait un jour sur le pavois et renversait le lendemain. J'ai voulu faire la révolution par l'armée, parce qu'elle offrait plus de chances de réussite, et pour éviter aussi les désordres si fréquents dans les bouleversements sociaux. Je me suis gravement trompé dans l'exécution de mon projet, mais cela fait encore moins d'honneur à de vieux militaires qui, revoyant l'aigle, n'ont pas senti leur cœur battre dans leur poitrine, l'aigle qu'ils ont plantée depuis le Tage jusqu'à la Moscowa, l'aigle qu'ils ont arrosée de leur sang, ils l'ont revue et ils l'ont foulée aux pieds!!! Ils m'ont parlé de leurs nouveaux serments, oubliant que c'est la présence de douze cent mille étrangers qui les a déliés de celui qu'ils avaient prêté. Or, un principe détruit par la force peut être rétabli par la force. J'ai cru avoir une mission à remplir, je saurai garder mon rôle jusqu'à la fin. »

Louis-Napoléon arriva à Lorient dans la nuit du 14

au 15. Il fut immédiatement écroué à la citadelle dont on leva le pont et avec laquelle toute communication fut interrompue. Il y demeura six jours. Il fut conduit sur la frégate l'*Andromède*, qui faisait voile pour les États-Unis.

Monseigneur, lui dit le sous-préfet de Lorient, en l'accompagnant à son embarcation, j'ai l'espoir que dans des jours plus calmes la France, qui vous repousse comme prétendant, vous acceptera comme simple citoyen.

Ces paroles devaient se réaliser. Le neveu de l'empereur n'est et ne doit être aujourd'hui qu'un républicain de plus.

Voici les lettres que le prince data de la citadelle de Lorient avant son départ :

Au roi Joseph Bonaparte (le comte de Survilliers).

« Lorient, 15 novembre 1836.

» Mon cher oncle,

» Vous aurez appris avec surprise l'événement de Strasbourg. Lorsqu'on ne réussit pas, on dénature vos intentions, on vous calomnie ; on est sûr d'être blâmé, même par les siens. Aussi, n'essaîd-ai-je pas aujourd'hui de me disculper à vos yeux.

» Je pars demain pour l'Amérique. Vous me feriez plaisir de m'envoyer quelques lettres de recommandation pour Philadelphie et New-York. Ayez la bonté de présenter mes respects à mes oncles, et de recevoir l'expression de mon sincère attachement.

» En quittant l'Europe, peut-être pour toujours, j'éprouve

le plus grand chagrin, celui de penser que, même dans ma famille, je ne trouverai personne qui plaigne mon sort.

« Adieu, mon cher oncle ; ne doutez jamais de mes sentiments à votre égard.

» Votre tendre neveu,

» NAPOLÉON-LOUIS BONAPARTE.

» P. S. Ayez la bonté de faire savoir à votre chargé d'affaires en Amérique quelles seraient les terres que vous consentez à me vendre. »

Le gouvernement de Louis-Philippe, désirant après avoir fait passer le neveu de l'empereur pour un audacieux, le faire passer pour un lâche, fit courir le bruit qu'il avait juré de ne pas quitter l'Amérique de dix ans. — Voici ce que le prince répondit à un de ses amis, en le priant de publier sa lettre:

« Mon cher M... je ne veux pas quitter l'Europe sans venir vous remercier des généreuses offres de service que vous m'avez faites dans une circonstance bien malheureuse pour moi. J'ai reçu votre lettre à la prison de Strasbourg, je n'ai pu vous répondre avant aujourd'hui. Je pars le cœur déchiré de n'avoir pu partager le sort de mes compagnons d'infortunes. J'aurais voulu être traité comme eux. Mon entreprise ayant échoué, mes intentions ayant été ignorées, mon sort ayant été, malgré moi, différent de celui des hommes dont j'avais compromis l'existence, je passerai, aux yeux de tout le monde, pour un fou, un ambitieux, un lâche.

» Avant de mettre le pied en France, je m'attendais bien, en cas de non réussite, aux deux premières qualifications; quant à la troisième, elle est par trop cruelle.

« J'attends les vents pour partir sur la frégate l'*Andromède*, pour New-York : vous pouvez m'y écrire poste restante. Je saurai supporter ce nouvel exil avec résignation ;

mais ce qui me désespère, c'est de laisser dans les fers des hommes auxquels le dévouement à la cause napoléonienne a été si fatal. J'aurais voulu être seul victime.

» Adieu, mon cher M..., bien des choses à madame. Je n'oublierai jamais les marques si touchantes que vous m'avez données de votre amitié pour moi.

» Je vous embrasse de cœur,

» NAPOLÉON-LOUIS BONAPARTE.

» P. S. Il est faux qu'on m'ait demandé le moindre serment de ne plus revenir en Europe. »

Le prince ayant quitté la France, on saisit le jury de l'Alsace d'une instruction contre :

MM. *Vaudrey*, colonel du 4me d'artillerie.
　　Parquin, chef d'escadron de la garde municipale.
　　Laity, lieutenant de pontonniers.
　　De Querelles, lieutenant au 61me de ligne.
　　Raphaël de Grécourt.
　　De Persigny, aide de camp du Prince.
　　Gordon (Mme).
　　M. de Bruc.

Les débats s'ouvrirent le 11 janvier, et le 14 janvier commencèrent les plaidoiries. La parole fut d'abord donnée à M. Barrot, défenseur de M. Vaudrey.

Après avoir retracé la carrière glorieuse du colonel Vaudrey, et avoir discuté le point de droit quant à l'enlèvement du prince, M. F. Barrot parla ainsi :

En 1830, lorsque la terre tremblait sous les pas en quelque sorte, lorsque le feu gagnait cette cité même, ce fut le lieutenant-colonel Vaudrey qui signa la proclamation révolutionnaire qui manifestait les volontés de la ville, et à quoi employa-t-il ses premiers soins? Il organisa la garde nationale que le pouvoir dans sa terreur devait frapper sitôt de dissolution.

On a reproché au colonel Vaudrey sa conduite en 1830; d'autres ont eu la même conduite, j'ai vu moi-même, j'ai vu trois colonels, lorsque l'émeute était flagrante, venir offrir leur épée à ce qui n'était encore que l'émeute et non pas la révolution; aussi faut-il en conclure que les serments ne se gardent que quand on ne peut pas les faire violer au bénéfice du pays. Ah! nous sommes honteux nous-même de n'avoir pas un plus noble éloge à faire de la théorie du serment. Que celui qui arrivé à un certain âge, n'a prêté qu'un seul serment, vienne accuser ici le colonel Vaudrey, et s'indigner de toute la hauteur de sa conscience; je le lui permets! (Sensation.)

M. Vaudrey ne tarda pas à se repentir de sa coopération à la révolution de Juillet. Je ne veux pas me faire l'écho des mécontentements dont il a argué dans son premier interrogatoire. Le colonel Vaudrey (et une lettre de M. Vatout que je ferai passer sous vos yeux, le prouvera) se plaignait de ce que son régiment avait moins de croix qu'un bataillon d'infanterie; il ajoutait: serai-je donc forcé de briser mon épée?

Les opinions du colonel Vaudrey étaient connues; aux élections de Sémur où il s'était présenté, M. Vatout était son concurrent, il a obtenu 122 voix, il ne s'en est fallu que de quelques voix seulement que M. Vaudrey fût élu de préférence à ce redoutable concurrent.

M. Vaudrey était mécontent, il voyait le gouvernement de Juillet s'écarter davantage des voies dans lesquelles l'avait engagé la révolution. Telles étaient ses dispositions lorsqu'il fit à Bade la rencontre du jeune prince Louis-Napoléon.

Ici l'honorable défenseur énumère rapidement les

circonstances de la vie du jeune Louis-Napoléon. Il le montre pleurant la patrie fermée pour lui, après la révolution de 1830; prêt à saisir la moindre espérance de liberté, portant son épée et son sang impérial aux services de deux peuples généreux, et perdant son frère à la peine ; parlant ensuite de ses écrits : J'ai lu les *Rêveries politiques*; je n'y ai pas trouvé les principes subversifs que l'accusation y a découverts, dit-il; je n'y ai pas trouvé que le gouvernement constitutionnel est *essentiellement corrupteur*; je n'ai rien trouvé de semblable dans l'ouvrage de Louis Bonaparte; il était réservé au réquisitoire d'émettre de pareilles doctrines.

Le voyage à Strasbourg demeure enveloppé d'une incertitude à laquelle le défenseur l'abandonne. Le 29 au soir, le colonel, arrivé à Strasbourg, donne des ordres pour une revue du lendemain; il accepte un dîner chez le lieutenant-colonel Tortel; il y est, suivant l'expression du témoin, à la hauteur de la gaîté générale. C'est en sortant de ce dîner qu'il trouve à sa porte un émissaire du prince, et a, avec celui-ci, une entrevue où, entraîné par toutes les séductions du neveu de l'empereur et des souvenirs qui se rattachent au nom qu'il porte, il donne sa parole.

On nous a dit que le mobile de son action était l'intérêt. Il est un trait qui m'a été révélé, c'est une confidence, j'en abuserai. Le prince arrivait décidé à entraîner le colonel : — Nous entreprenons une tentative dangereuse, lui dit-il, peut-être y succomberons-nous ; vous avez deux enfants, voici un contrat de 10,000 francs pour chacun; ma mère qui m'aime fera honneur à ce testament de mort. — Le colonel prit les contrats : je vous donne ma vie, répondit-il, je vous donne mon sang; je ne les vends pas, et il les déchira vivement. (Mouvement dans l'auditoire.)

Ce soir même il promet son adhésion; il engage sa parole d'honneur ! il avait toute la nuit pour réfléchir, a-t-on dit; ce n'est pas un homme qui réfléchit après avoir donné sa parole d'honneur; il exécute.

Le défenseur examine ensuite les évènements de la journée du 30 octobre.

J'arrive, dit-il, à une importante déposition; j'arrive avec une indignation que je ne cherche pas à dissimuler. Un témoin a affirmé des faits auxquels mon client a donné des démentis positifs; je vais établir que la vérité paraît être du côté de mon client.

Le capitaine Taillandier a dit qu'il avait voulu arrêter le colonel Vaudrey; qu'il l'avait saisi au collet comme un misérable; le colonel a répondu: cela est faux, et je suis forcé de le dire, je crois que cela est impossible! le colonel Vaudrey avait le sabre à la main, il était entouré d'artilleurs dévoués, menaçants. Le colonel Taillandier en a déposé lui-même: la pointe d'un sabre était dirigée vers sa face; des soldats qui comprennent mieux que d'autres la portée d'un semblable outrage, ne l'auraient pas souffert.

Après quelques mots sur les derniers épisodes de l'évènement du 30 octobre, Me Barrot poursuit en ces termes: Je vous ai dit la vie du colonel Vaudrey, je vous ai fait connaître ce fils glorieux de l'empire; l'accusation avant de l'appeler lâche, aurait dû découvrir sa poitrine, compter ses blessures et lire l'état de ses services.

Après Me Barrot, la parole est donnée à Me Thierrier, défenseur de Laity.

Vous savez combien l'accusation a été prodigue d'excursions dans la vie privée. Sans égard pour le malheur, elle aime à dire que les uns sont perdus de mœurs, les autres perdus de dettes, intrigants, vains, ambitieux; enfin, chose plus horrible! l'un de ces affreux conspirateurs est une cantatrice! Messieurs, autrefois il existait en Grèce une république qui, dans l'austérité de ses mœurs, hélas! bien loin des nôtres, redoutait l'influence des chanteurs et des musiciens comme pouvant amollir les âmes. Eh bien ! on les reconduisait à la frontière en les couronnant de fleurs, mais on ne les flétrissait pas.

On a été jusqu'à étudier l'attitude des accusés, épier leurs regards, lire dans leurs yeux, et M. le substitut, résumant ces observations, a dit qu'ils posaient comme des héros.

Malheureux accusés, que je vous plains ! que votre position est dure et périlleuse ! Quels conseils voulez-vous que je vous donne ? Si je vous dis de montrer de la timidité et de l'hésitation, on ne manquera pas de vous en accabler; on dira que c'est la voix du remords et le cri de la conscience qui causent votre embarras. Si je vous dis d'être fermes et dignes, on dira que vous êtes arrogants, que vous jouez les héros.

Le défenseur établit que, malgré sa bonne volonté, le ministère public a été forcé de respecter la vie de son client. C'est, dit-il, l'enfant gâté de l'accusation. Elle ne veut que sa tête, mais du moins elle y met des formes ; et il a droit à toute sa reconnaissance. Il repousse avec indignation le rapprochement que l'accusation a voulu faire entre la tentative du prince Louis-Napoléon et les crimes de Fieschi et d'Alibaud. Il représente le jeune Laity comme subjugué par le prestige de la gloire et du nom de l'empereur Napoléon ; il combat avec force l'acte d'accusation qui a prétendu que la religion des souvenirs était perdue en France.

Dans cette cité, a-t-il dit, on a vu deux soldats aiguiser leurs sabres sur le mausolée du maréchal de Saxe, et aujourd'hui il ne passe pas un navire près du rocher de Sainte-Hélène, sans incliner son pavillon devant la tombe solitaire du grand Napoléon. Parcourez nos cités, parcourez nos campagnes, entrez dans le salon du riche, descendez dans la chaumière du pauvre, pénétrez dans l'atelier de l'artisan, partout vos regards rencontreront l'image du grand capitaine. Il n'est pas de nom plus populaire en France. On voudra donc bien nous accorder la religion des souvenirs, libre cependant à M. le substitut d'appeler tout cela de la fantasmagorie et de la poudre aux yeux, car ces mots ont frappé nos oreilles. Le défenseur expose comment son client a été entraîné par un point d'honneur, d'abord par un ami qui lui a fait les premières propositions, puis par le prince lui-même ; récit rapide des évènements du 30 octobre, et de la part que Laity a pu y prendre. Il en est résulté contre lui trois chefs d'accusation, dont deux sont capitaux, et que le défenseur combat successivement, en établissant surtout l'esprit de cette entreprise, qui comptait sur une adhésion unanime, car il était convenu avec le prince qu'il ne serait pas versé une goutte de sang.

Il établit que les condamnations judiciaires ne sont que des assassinats quand la défense n'est pas entièrement libre, et qu'ici elle ne l'est plus, puisqu'on lui a enlevé son plus précieux témoin; l'avoir mis en liberté, c'est avoir assuré l'acquittement, car il ne se trouvera pas un juré consciencieux qui ose prendre sur lui de condamner les accusés.

M. Parquin succède au précédent orateur.

(M. Parquin retrace d'abord la vie de son frère, puis il continue.)

Napoléon banni de France, mort pour la France, Parquin comme tous les braves qui avaient combattu sous ses ordres, surtout comme ceux qui avaient servi dans la garde, avait voué une sorte de culte à sa mémoire; permis à l'acte d'accusation de nier la puissance, la religion des souvenirs! A une époque où tant de caractères changent au gré des évènements, où le dévoûment se prodigue au plus heureux, cette maxime désolante du ministère public, qu'on ne doit plus avoir foi aux anciennes croyances, je la conçois, et cependant qu'on s'abstienne de l'appliquer au commandant Parquin; car ce culte dont j'ai parlé, ce culte que le temps aurait refroidi, peut-être une circonstance fortuite, inattendue, vint contribuer à l'entretenir, même à le réchauffer, en mettant pour ainsi dire l'officier de Salamanque, de Hanau, de Vitry-le-Français, en rapport continu avec son immortel général.

Après avoir parlé du séjour de Parquin à Arenenberg où vivait sa femme (Mlle Cochelet), l'orateur reprend :

Les destins l'ont donc voulu; pendant quinze ans environ, Parquin va devenir l'ami, presque le commensal du jeune prince; les termes dans lesquels mademoiselle Cochelet avait constamment vécu avec la mère sont ceux dans lesquels il vivra dorénavant avec le fils. Un heureux naturel grandit, se développe, Parquin le remarque et s'en applaudit; mais il y a, pour le séduire, quelque chose de plus que le concours de tant de qualités aimables, le nom vénéré, les étonnantes merveilles de Napoléon vibrent sans cesse à son oreille. C'est du matin au soir l'objet perpétuel de leurs discours.

Jamais l'entretien ne roule que sur ces temps de triomphe et de gloire, si chèrement achetés par la France, et dont un vieux soldat ne veut apercevoir que le brillant côté.... Messieurs, une goutte d'eau, à force de tomber, use la pierre la plus dure. Se fait-on, peut-on se faire une juste idée de ce qu'obtiendra sur l'âme de Parquin une influence habilement préparée, ménagée depuis quinze ans ! ah! celui qui est au loin, qui reste calme dans les circonstances les plus difficiles, qui apprécie tout froidement, qui sait se défendre des émotions propres à entraîner les autres, il lui est aisé de ne pas faillir ! mais celui qui est sous le charme, on aurait tort de le juger d'après les mêmes règles. Messieurs, sachons faire la part de la fragilité humaine, d'augustes exemples, des exemples sacrés nous y convient.... Quand donc le prince Louis s'est ouvert à son vieil ami Parquin, quand il lui a fait ses révélations, quand il l'a mis dans le secret de ses espérances, quand de toute l'autorité que lui procuraient son nom, les souvenirs sublimes qu'il invoquait, ses rapports, une amitié de quinze années, il lui a presque ordonné de le suivre. Oui, certes, il faut blâmer, blâmer mille fois Parquin d'avoir cédé... ma voix et celle du ministère public seront toujours d'accord à ce sujet.... en même temps qu'il faut féliciter l'esprit fort, l'esprit maître de lui, l'esprit insensible à toutes les impressions de gloire et d'affection, qui peut affirmer qu'à sa place il n'aurait pas succombé!!!

On a payé, à la belle conduite du capitaine Raindre, un juste tribut d'éloges. Ce sentiment, je le partage ; mais que son mérite serait plus grand si, pour résister, le capitaine Raindre (1) s'était trouvé, envers le prince Louis, dans les mêmes conditions où se trouvait Parquin !

Parquin n'a pas eu le loisir de la réflexion. Il n'a reçu les ouvertures, les confidences du prince, que dans la journée du 29 octobre. Pourquoi ? Quel est le motif de cette révélation tardive ? Le prince aurait-il craint que si vingt-quatre heures de plus lui eussent été données, Parquin se rappelât d'inflexibles devoirs, et qu'il usât de sa longue expérience pour chercher à éloigner l'exécution d'un projet auquel si peu de chances de succès étaient assurées ? Le prince aurait-il cru qu'il n'était pas nécessaire de le préve-

_____

(1) Ce capitaine est celui qui révéla les ouvertures à lui faites par le prince.

nir beaucoup d'avance , parce que c'était un de ces hommes sur le concours desquels il pouvait compter ? Parquin, à cette allocution : «J'apporte ici ma tête, » a été subjugué : « Mon prince, à la vie, à la mort ! » Mais l'allocution, mais la réponse sont seulement de la veille de l'attentat.....

On le conteste ; et sur ce point le doute est bien permis. Les liaisons intimes de Parquin avec Arenenberg, sa présence à Strasbourg auprès du prince, ce costume d'officier-général dont il se revêt, cette assistance hardie qu'il prête, soit pour arrêter le lieutenant-général Voirol, soit pour soulever le 46e régiment de ligne , que d'évènements de nature à faire penser qu'il était affilié depuis longtemps à la conspiration !... Pourtant, à de pures probabilités , à d'incertaines conjectures, j'oppose ce point demeuré inébranlable (malgré toutes les investigations contraires), que Parquin, qui a passé les 13 et 14 octobre avec tous les officiers de la garnison de Haguenau , ne leur a pas fait la moindre ouverture dans ces journées exclusivement consacrées aux plaisirs de la chasse.

Me Parquin ajoute ensuite :

Est-ce qu'on pourrait, sans ingratitude, ne pas tenir compte à Parquin de ses sentiments passés ? Est-ce qu'il ne conviendrait pas de prendre en considération tout ce que l'enthousiasme, l'exaltation , l'ivresse, le grand nom de Napoléon, les destinées futures de son fils adoptif, et la magie de l'aigle impériale et les superbes promesses faites au pays, ont dû exercer électriquement d'empire sur un vieux, sur un des plus braves soldats de l'ex-garde... Je rappellerai la loyauté accoutumée du commandant Parquin...; n'a-t-il donc pu croire qu'il encourrait une sorte de déshonneur à ne pas suivre le prince, à l'abandonner seul aux périls d'une tentative aussi hardie ?... Dans cet état, les faits ainsi examinés, la cause considérée de ce point de vue, je pourrais, Messieurs, confier

sans crainte le sort de l'accusé à votre indulgence...
à votre indulgence qui serait aussi de la justice...

Et à votre indulgence qui serait encore de la justice,
je demanderais si elle pense ne rien avoir à faire en
faveur d'un militaire sillonné par les balles au service de la patrie.

Et à votre indulgence qui serait toujours de la justice, je redirais ce que l'on est convenu d'appeler la
folie, l'absurdité de l'attentat. Je puiserai même un
argument qui n'est pas sans force dans le discours de
la couronne... Il qualifie l'attentat de Strasbourg d'entreprise *aussi criminelle qu'insensée*. *Aussi criminelle
qu'insensée!* soit, mais alors *aussi insensée que criminelle*... La folie le disputait au crime. Or, quand une
action peut être attribuée indifféremment au crime
que la loi punit, à la démence qu'elle ne punit pas,
il y a doute, et le doute, vous le savez, s'interprète
toujours dans l'intérêt de l'accusé. (Hilarité.)

Voilà, Messieurs, ce que je livrerais à vos consciences, si vous pouviez prononcer contre les accusés une condamnation plus ou moins forte, selon
qu'ils vous paraîtraient plus ou moins coupables....
Mais après la mutilation, après l'échec qu'une grande
mesure politique a fait subir à l'instruction, je le déclare hautement, ce qui vous reste à faire, sans descendre dans aucun détail, C'EST DE LES ACQUIT-
TER TOUS.

Pendant la plaidoirie de M° Parquin en faveur de
son héroïque frère, le célèbre défenseur a cité la lettre suivante du prince Napoléon-Louis :

« Paris, ce 11 novembre 1836.

» Monsieur,

» Malgré mon désir de rester avec mes compagnons
d'infortune et de partager leur sort, malgré mes ré-

clamations à ce sujet, le roi, dans sa clémence, a ordonné que je fusse conduit à Lorient pour passer de là en Amérique; quoique vivement touché de la générosité du roi. (Ici Me Parquin s'adressant à l'avocat-général : «Vous voyez, Monsieur, que parmi ses nombreux défauts, il ne faut pas compter l'ingratitude.») (Hilarité.), je suis profondément affligé de quitter mes co-accusés, dans l'idée que ma présence à la barre, que mes dépositions en leur faveur auraient pu influencer le jury et l'éclairer sur plusieurs faits importants. Privé de la consolation d'être utile à des hommes que j'ai entraînés à leur perte, je suis obligé de confier à un avocat ce que je ne puis plus dire moi-même devant le jury....

» Certes, nous sommes tous coupables envers le gouvernement, d'avoir pris les armes contre lui ; mais le plus coupable, c'est moi. C'est celui qui, méditant depuis longtemps une révolution, est venu tout-à-coup arracher des hommes à une position sociale honorable, pour les livrer à tous les hasards d'un mouvement populaire.... Vous voyez donc que c'est moi qui les ai séduits en leur parlant de tout ce qui était capable de toucher un cœur français. Ils me parlaient de leurs serments ; je leur rappelai qu'en 1815, ils avaient juré fidélité à Napoléon II et à sa dynastie. L'invasion étrangère, leur dis-je, vous a déliés de vos serments, la force peut rétablir ce que la force seule a brisé. Pour leur ôter même tout scrupule, je leur dis qu'on parlait de la mort subite du roi, et que la nouvelle paraissait certaine ; on verra par-là combien j'étais coupable envers le gouvernement ; or, le gouvernement a été généreux envers moi ; il a trouvé que ma position d'exilé, que mon amour pour la France, que ma parenté avec l'empereur étaient des causes atténuantes. Le jury restera-t-il en arrière de la marche indiquée par le gouvernement?... »

» Vous l'entendez, dit Me Parquin, le prince ne partage

3

pas, lui, le sentiment de M. l'avocat-général; il ne juge pas sa présence inutile, il croit qu'elle eût été d'une grande importance, et surtout il ne s'explique pas qu'absous par le gouvernement contre lequel il s'était armé, ceux qu'il avoue avoir égarés puissent être sérieusement poursuivis. Le langage, dans cette partie de la lettre, est tout-à-fait l'écho du mien.

» Ceci, Messieurs, me suggère une observation qui n'est pas indigne de vous être présentée. Parmi les causes de l'enlèvement du prince, on a pu naturellement placer la crainte qu'un jury français ne voulût jamais consentir à dégrader de peines afflictives et infamantes le neveu de Napoléon. Dans cette hypothèse, si des jurés avaient absous le prince, ne répugne-t-il pas au simple bon sens qu'ils eussent condamné ses complices ? Évidemment, les accusés eussent été absous. Or, ces accusés que vous auriez acquittés avec le prince, seront-ils condamnés parce que le prince tient son acquittement du gouvernement et non de vous ? Poser la question de cette manière, Messieurs, c'est la résoudre. » (Assentiment.)

Me Parquin développe plusieurs autres considérations accessoires, et il ajoute :

« Messieurs, j'ai réfuté avec le peu d'ordre qu'une réplique instantanée permet, et cependant je crois, avec un véritable avantage, les objections du ministère public... Mes devoirs sont accomplis; maintenant vont commencer les vôtres; ils sont grands. La France tout entière a les yeux sur vous, répondez noblement à son attente. Quand, depuis six ans, vos prédécesseurs se sont abstenus avec soin de toute condamnation politique, ce n'est pas par celle-ci apparemment que vous voudriez commencer. Un procès où l'égarement des accusés se montre et non pas leur perversité ! un procès où la condamnation viendrait flétrir moins les complices que le principal auteur de l'attentat ! un procès entaché dès son origine par la violation d'un grand principe constitutionnel : Égalité devant la loi !... Un tel procès : oh ! quel triste honneur pour vous, Messieurs, si le premier, le premier de tous, il ne se terminait pas par un acquittement !

» Je ne tarderai pas à quitter cette belle contrée. Dans peu de jours j'aurai regagné Paris. J'y rentrerai le cœur plein du bienveillant intérêt qu'on m'a témoigné ici. Magistrature, administration, armée, barreau (barreau où j'ai rencontré des confrères que la capitale serait fière de posséder dans son sein), personnages de tous rangs, de toutes nuances, de toutes convictions politiques; partout on a compris ma position, partout j'ai recueilli de précieux suffrages; ma mémoire reconnaissante ne l'oubliera jamais. Ah ! Messieurs les jurés, ayez, prenez aussi votre part de ces heureux souvenirs.... Faites qu'à côté d'eux ne vienne pas se placer un amer, un poignant regret ! faites que tout me soit doux dans les pensées qu'il m'arrivera souvent de reporter sur l'Alsace !...

» Et toi, ma vénérable mère, toi qui, à quatre-vingt-deux ans, as retrouvé des jours sans repos et des nuits sans sommeil ! toi qui reproches à la Providence de ne pas t'avoir enlevée plus tôt de cette terre où ton passage fut marqué par la pratique de toutes les vertus ! toi dont les mains suppliantes, sans cesse élevées vers le ciel, redemandent un fils, tu m'attends, je te vois, je t'aborde ; tes yeux interrogent les miens, et j'entends ton cri : *Parquin ! qu'as-tu fait de ton frère ?* Ma mère, ma bonne mère, sois tranquille, sèche tes larmes ; ton fils, ton Charles, un jury alsacien te le rendra. »

— *Acquittez-les ! acquittez-les !* s'écrièrent plusieurs voix.

— Gendarmes, faites retirer les interrupteurs, dit M. le président.

— Vous faites du tort aux accusés, ajouta d'une voix

émue M⁰ Parquin, en se tournant vers l'auditoire.

A onze heures et demie, le jury se retira au milieu du mouvement d'étonnement excité par cet incident.

Durant la délibération, des conversations animées et bruyantes s'engagèrent dans toutes les parties de la salle ; les défenseurs furent entourés des membres du barreau et des personnes admises dans l'intérieur du prétoire.

Vingt minutes après, l'huissier annonça le jury. La cour entra aussitôt en audience, et M. Weiss de Truchtersheim, chef du jury, dit au milieu du silence le plus profond :

» Devant Dieu et devant les hommes, sur mon âme et sur ma conscience, la déclaration du jury, sur toutes les questions, est : Non, les accusés ne sont pas coupables. »

Et aussitôt, M. le président rendit son ordonnance de mise en liberté.

Alors, de bruyants applaudissements retentirent dans la salle. L'allégresse, l'enthousiasme étaient universels ; les accusés acquittés remerciaient et embrassaient leurs défenseurs avec une émotion visible. Les membres du barreau et les amis des honorables avocats faisaient de même, et les félicitaient du beau succès qui venait de couronner leurs efforts.

La foule se retira lentement de la salle d'audience pour attendre, dans la cour du Palais, la sortie des prévenus. Ici les témoignages de satisfaction recommencèrent ; les portes d'entrée de la salle furent fermées, et la foule, sans se laisser rebuter par le froid, attendit avec impatience l'arrivée des accusés. Sa curiosité fut trompée : on les avait fait sortir par une porte de derrière.

A leur sortie, les jurés furent reçus par des vivats. Longtemps après l'issue du procès, une foule immense encombrait encore la cour et les avenues du Palais-de-Justice.

La marche du procès dont nous venons de faire
un résumé, dit M. Dupressoir, auquel nous empruntons ces lignes , nous a obligé à ne nous occuper que
des accusés du Bas-Rhin, et nous avons dû nous borner à mentionner le nom de ceux qui avaient été assez
heureux, pour pouvoir échapper aux recherches de
la police; la plupart de ces fugitifs n'ont eu dans la
tentative de Strasbourg qu'un rôle secondaire, et
pour ce motif nous nous abstiendrons d'en parler
davantage; mais il en est un qui doit occuper parti-
culièrement l'attention du lecteur, nous voulons parler
de M. de Persigny.

Au milieu des misérables arguties de l'acte d'accusation, on lit une phrase qui caractérise parfaitement
M. de Persigny. Cette phrase, la voici: Dévoué depuis
longtemps aux intérêts de Louis Bonaparte, actif,
intelligent, homme de tête et de résolution, il pos-
sédait mieux que tous, les secrets des ressorts sur
lesquels reposait la conspiration.

M. Victor Fialin de Persigny doit, en effet, être
regardé comme l'âme de la conspiration de Strasbourg;
attaché comme aide-de-camp, au prince Louis-Napoléon. il avait toute sa confiance. C'est lui qui avait lié
tous les conjurés à l'unité d'action, il avait tenté des
premiers essais de séduction sur la garnison de
Besançon, mais ayant appris que le colonel Vaudrey
était en relation avec le prince, il avait concentré ses
opérations sur Strasbourg et les environs, et travaillé
plusieurs des régiments de cette garnison. Son zèle
pour la cause bonapartiste était infatigable ; il
voyageait sans cesse, on le voyait presque en même
temps à Bade, à Strasbourg, à Nancy, à Paris, chan-
geant fréquemment de nom, et parvenant toujours à
éviter ou à tromper l'œil de la police.

Les relations de M. de Persigny étaient très étendues; il en entretenait, non seulement dans la gar-

nison de Strasbourg, mais à Hagueneau, à Nancy, à Metz, et jusque dans le camp de Compiègne; on eût donc pu commencer le mouvement sur plusieurs points à la fois, mais, nous l'avons dit, on s'était avec raison arrêté à Strasbourg, dont la garde nationale venait d'être licenciée, qui comptait une garnison de 8,000 hommes, qui était pourvue d'une artillerie considérable, que la position du colonel Vaudrey allait mettre à la dévotion des conjurés, et enfin, dont la jeunesse des écoles pouvait dans la marche sur Paris, se réunir à la garnison.

Lorsque M. de Persigny eut échappé aux gendarmes venus pour l'arrêter, il loua une chambre dans laquelle il passa le reste de la journée. Le soir il se rendit à l'hôtel de la Fleur, où il rencontra Charles Thélin, valet-de-chambre du prince. Il voulait se constituer prisonnier, afin de partager le sort de son chef; mais celui-ci le lui fit défendre; alors il chargea Thélin d'informer le prince qu'il ne quitterait pas les environs de Strasbourg et se tiendrait prêt à tout évènement; le lendemain il passa le pont de Kehl à la faveur d'un déguisement : mais les poursuites de la police badoise l'obligèrent à se sauver, suivi d'un domestique. Son signalement était donné sur toutes les routes et dans toutes les directions. Arrivé la nuit dans un petit village, près d'Offembourg, accablé de fatigue, il était couché lorsque la gendarmerie des environs vint pour le saisir; il parvint encore à se sauver; mais son domestique et ses chevaux furent pris. Errant ensuite à l'aventure, il chercha à gagner la Forêt-Noire, où il avait moins à craindre les recherches de l'autorité badoise; enfin après des fatigues et des efforts inouïs, il arriva, de nuit, sans avoir pu prendre aucune nourriture, à Bade, où il fut reçu dans une maison amie. Il s'y tint caché jusqu'à ce que le sort du prince eût été connu et eût mis un terme à ses inquiétudes. Rassuré de ce côté, il gagna la Suisse, à l'aide d'un faux passeport ; après avoir séjourné un mois à Arenenberg, il reprit la route d'Allemagne, longea le Rhin et passa en Angleterre.

Son premier soin, en arrivant à Londres, fut de rendre un compte exact des évènements auxquels il venait de prendre une part si active ; et il publia, sans coup férir, une brochure de cinquante pages. Grâce à cet écrit, l'opinion publique, égarée par les récits mensongers des autorités et des journaux vendus, put commencer à s'éclairer et à comprendre que l'entreprise n'avait pas été aussi *folle* que les organes du gouvernement le voulaient faire croire, et que le succès avait tenu à bien peu de chose.

Tel est l'homme qui a dévoué sa vie au prince Louis-Napoléon et à sa cause toute populaire.

La frégate l'*Andromède* arriva à Norfolk, le 30 mai 1837. Le prince avait cru aller à New-York. Le navire était parti de France avec cette destination, mais arrivé au 32° de latitude, le commandant avoua qu'il lui était enjoint de décacheter un ordre, au sujet duquel la plus grande discrétion lui était recommandée. Cet ordre consistait à quitter la ligne directe, pour se rendre à Rio-Janeiro, afin d'y ravitailler. On insistait surtout sur la nécessité de garder prisonnier le jeune prince à bord du navire, afin d'empêcher toute communication de sa part avec le Brésil. Cette espèce de système cellulaire qui s'étendait jusqu'à l'interdiction de toute correspondance et qui, opéré sans arrêt judiciaire, violait évidemment le droit des gens, avait pour but caché de rendre impossible toute déposition favorable du prince Louis en faveur de ses co-accusés. On a vu par la décision du jury alsacien, que ces mesures tyranniques furent inutiles, et que la conviction du prince pénétra dans l'esprit des jurés.

Si l'exemple du débarquement de l'île d'Elbe ne venait point pleinement amnistier le prince Louis-Napoléon Bonaparte de toute inculpation de légèreté dans sa tentative de Strasbourg, il suffirait de citer la lettre suivante, dans laquelle le neveu de Napoléon met à jour toute sa pensée :

. . . . . . « Maintenant, je vous dois une explication des motifs qui m'ont fait agir. J'avais, il est vrai, deux lignes de conduite à suivre : l'une qui, en quelque sorte, dépendait de moi; l'autre des évènements. En choisissant la première, j'étais, comme vous le dites fort bien, un moyen; en attendant la seconde, je n'étais plus qu'une ressource. D'après mes idées, ma conviction, le premier rôle semble bien préférable au second. Le succès de mon entreprise m'offrait les avantages suivants : je faisais, par un coup de main, en un jour, l'ouvrage de dix années; peut-être, réussissant, j'épargnais à la France les luttes, les troubles, les désordres d'un bouleversement qui arrivera, je crois, tôt ou tard. « L'esprit d'une révolution, dit M. Thiers, se compose de passions pour le but, et de haine pour ceux qui font obstacle. » Ayant entraîné le peuple par l'armée, nous aurions eu les nobles passions sans la haine ; car la haine ne naît que de la lutte entre la force physique et la force morale. Personnellement, ensuite, ma position en cas de succès était claire, nette, partant facile. Je ne devais ma réussite qu'au peuple, et non à un parti. Arrivant en vainqueur, JE DÉPOSAIS DE PLEIN GRÉ, SANS Y ÊTRE FORCÉ, MON ÉPÉE SUR L'AUTEL DE LA PATRIE. On pouvait alors avoir foi en moi, car ce n'était plus seulement mon nom, c'était ma personne qui devenait une garantie. »

En 1838, le prince s'était retiré de nouveau en Suisse, où il était venu recueillir les derniers soupirs de la reine Hortense, sa mère. Cette excellente femme, la providence des pauvres, l'idole de tous ceux qui l'ont connue dans l'intimité, succomba dans l'exil le 5 octobre 1837. Ce fut à cette époque, que M. de Montebello, ambassadeur de France, sollicita l'éloignement de cet antagoniste si dangereux;

M. Molé, alors président du conseil, interprète de la pensée intime de Louis-Philippe, attachait une grande importance à la solution de cette affaire, et insistait vivement pour obtenir une satisfaction immédiate. Voici quelle fut la réponse du neveu de Napoléon :

« Arenenberg, 22 septembre 1838.

» Monsieur le Landammann,

» Lorsque la note du duc de Montebello fut adressée à la Diète, je ne voulus pas me soumettre aux exigences du gouvernement français ; car il m'importait de prouver, par mon refus de m'éloigner, que j'étais revenu en Suisse sans manquer à aucun engagement, que j'avais le droit d'y résider et que j'y trouverais aide et protection.

» La Suisse a montré depuis un mois par ses protestations énergiques, et maintenant par les décisions des grands-conseils qui se sont assemblés jusqu'ici, qu'elle était prête à faire les plus grands sacrifices pour maintenir sa dignité et son droit. Elle a su faire son devoir comme nation indépendante; je saurai faire le mien et demeurer fidèle à la voix de l'honneur. On peut me persécuter, mais jamais m'avilir.

» Le gouvernement français ayant déclaré que le refus de la Diète d'obtempérer à sa demande serait le signal d'une conflagration dont la Suisse pourrait être la victime, il ne me reste plus qu'à quitter un pays où ma présence est le sujet d'aussi injustes prétentions, où elle serait le sujet de si grands malheurs.

» Je vous prie donc, Monsieur le Landammann, d'annoncer au Directoire fédéral que je partirai dès qu'il aura obtenu des ambassadeurs des diverses puissances les passeports qui me sont nécessaires pour me rendre dans un lieu où je trouverai un asile assuré.

» En quittant aujourd'hui volontairement le seul pays où

3.

j'avais trouvé en Europe, appui et protection, en m'éloignant des lieux qui m'étaient devenus chers à tant de titres, j'espère prouver au peuple suisse que j'étais digne des marques d'estime et d'affection qu'il m'a prodiguées. Je n'oublierai jamais la noble conduite des cantons qui se sont prononcés si courageusement en ma faveur, et surtout le souvenir de la généreuse protection que m'a accordée le canton de Thurgovie restera profondément gravé dans mon cœur.

» J'espère que cette séparation ne sera pas éternelle et qu'un jour viendra où je pourrai, sans compromettre les intérêts de deux nations qui doivent rester amies, retrouver l'asile où vingt ans de séjour et des droits acquis m'avaient créé une seconde patrie.

» Soyez, Monsieur le Landammann, l'interprète de mes sentiments de reconnaissance envers les conseils, et croyez que la pensée d'épargner des troubles à la Suisse peut seule adoucir les regrets que j'éprouve de la quitter.

» Recevez l'expression de ma haute estime et de mes sentiments distingués,

» NAPOLÉON-LOUIS BONAPARTE. »

Le prince Louis-Napoléon, antérieurement à 1838, avait à diverses reprises refusé des propositions qui eussent pu satisfaire un ambitieux, mais qui n'avaient aucun prestige pour un patriote. Il désirait être utile à son pays plutôt qu'important en Europe. Il mettait toute sa gloire dans l'accomplissement d'œuvres dictées par son amour pour la France. Par son zèle à défendre ses plus chers intérêts, il espérait tôt ou tard faire abroger le décret qui condamnait sa famille aux douleurs de l'exil.

La preuve de cette abnégation découle d'une circonstance qui se révéla en 1835, alors qu'on offrit au prince la main de la reine de Portugal. Voici son refus :

« Arenenberg, le 14 décembre 1835.

« Plusieurs journaux ont accueilli la nouvelle de mon départ pour le Portugal comme prétendant à la main de dona Maria. Quelque flatteuse que soit pour moi la supposition d'une union avec une jeune reine, belle et vertueuse, veuve d'un cousin qui m'était cher, il est de mon devoir de réfuter un tel bruit, puisqu'aucune démarche qui me soit connue, n'a pu y donner lieu.

» Je dois même ajouter que, malgré le vif intérêt qui s'attache aux destinées d'un peuple qui vient d'acquérir ses libertés, je refuserais l'honneur de partager le trône du Portugal, si le hasard voulait que quelques personnes jetassent les yeux sur moi.

» La belle conduite de mon père, qui abdiqua, en 1810, parce qu'il ne pouvait allier les intérêts de la France avec ceux de la Hollande, n'est pas sortie de mon esprit. Mon père m'a prouvé, par son grand exemple, combien la patrie est préférable à un trône étranger. Je sens, en effet, qu'habitué dès mon enfance à chérir mon pays par-dessus tout, je ne saurais rien préférer aux intérêts français.

» Persuadé que le grand nom que je porte ne sera pas toujours un titre d'exclusion aux yeux de mes compatriotes, puisqu'il leur rappelle quinze années de gloire, j'attends avec calme, dans un pays hospitalier et libre, que le peuple rappelle dans son sein ceux qu'exilèrent, en 1815, douze cent mille étrangers. Cet espoir de servir un jour la France comme citoyen et comme soldat, fortifie mon âme et vaut à mes yeux tous les trônes du monde.

» Recevez, etc.   NAPOLÉON-LOUIS BONAPARTE. »

CHAPITRE III.

Louis-Napoléon à Londres. — Opinion de la presse britannique sur ses destinées. — Les armes de l'empereur. — Sa protestation à ce sujet. — Préliminaires de son expédition de Boulogne. — Proclamations au peuple français et à l'armée. — Exposé des motifs soumis plus tard à la Cour des pairs. — Dépêches télégraphiques annonçant son débarquement. — Rapports du sous-préfet et du maire de Boulogne. — Rapport de M. Gauja. — Ordonnance de mise en accusation. — Physionomie de l'auditoire.

Quand Louis-Bonaparte quitta la Suisse, il se rendit à Londres, où il fut l'objet des prévenances de la haute société. Les Anglais ne se dissimulaient pas le rôle que pouvait jouer le prince dans l'histoire politique du temps. Le *Sun*, l'un des organes les plus accrédités de la presse britannique, disait : « Les persé- » cutions dont on l'accable prouvent à quel point on » le redoute. »

Vers 1840, le général Bertrand, croyant en cela exécuter les ordres de l'empereur, avait remis au roi Louis-Philippe, pour être déposées aux Invalides, les armes impériales. Voici la pièce qui parvint au ministre de l'intérieur, le 11 juin de la même année :

Protestation du prince Louis-Napoléon au sujet des armes de l'Empereur.

« Londres, le 9 juin 1840.

» Je m'associe du fond de mon âme à la protestation de mon oncle Joseph. Le général Bertrand, en remettant les armes du chef de ma famille au roi Louis-Philippe, a été la victime d'une déplorable illusion. L'épée d'Austerlitz ne doit pas être dans des mains ennemies ; il faut qu'elle puisse être encore brandie au jour du danger pour la gloire de la France. Qu'on nous prive de notre patrie ; qu'on retienne nos biens ; qu'on ne se montre généreux qu'envers les morts, nous savons souffrir sans nous plaindre, tant que notre honneur n'est pas attaqué ; mais priver les héritiers de l'empereur du seul héritage que le sort leur ait laissé ; mais donner à un heureux de Waterloo les armes du vaincu, c'est trahir les devoirs les plus sacrés ; c'est forcer les opprimés d'aller dire un jour aux oppresseurs : « Rendez-nous ce que vous avez usurpé.

» LOUIS-NAPOLÉON. »

Cette protestation du prince semble être la préface du débarquement à Boulogne ; seconde tentative de Louis-Napoléon qui a été si sévèrement jugée. On accusa alors le neveu de l'empereur d'avoir servi d'instrument aux Anglais qui l'avaient laissé partir pour les rives de France sans songer à entraver ses projets. La vérité qui perce tôt ou tard tous les nuages de l'erreur est aujourd'hui connue. L'embarquement eut lieu de cette façon que la pensée d'invasion ne fut connue que de très peu de monde, et le prince en assuma sans cesse, comme il l'avait fait à Strasbourg, dans une autre occasion, l'entière responsabilité.

Nous venons de dire que le souvenir de Napoléon dont les cendres avaient été réclamées à Sainte-Hélène, dont les armes avaient été données à la France, était le motif de la tentative qui allait avoir lieu à Boulogne. Il suffira, pour s'en convaincre, de lire les pièces ci-après, qui furent distribuées dans le Pas-de-Calais, par le prince.

PROCLAMATIONS.

« AU PEUPLE FRANÇAIS! »

« Français !

» Les cendres de l'Empereur ne reviendront que dans une France régénérée! Les mânes du grand homme ne doivent pas être souillées par d'impures et hypocrites hommages. Il faut que la gloire et la liberté soient debout à côté du cercueil de Napoléon! Il faut que les traîtres à la patrie aient disparu !

» Qu'ont-ils fait, ceux qui vous gouvernent, pour avoir des droits à votre amour? Ils vous ont promis la paix et ils ont amené la guerre civile et la guerre désastreuse d'Afrique; ils vous ont promis la diminution des impots, et tout l'or que vous possédez n'assouvirait pas leur avidité. Ils vous ont promis une administration intègre, et ils ne règnent que par la corruption ; ils vous ont promis la liberté, et ne protégent que priviléges et abus ; ils s'opposent à toute réforme, ils n'enfantent qu'arbitraire et anarchie ; ils ont promis la stabilité, et, depuis dix ans, ils n'ont rien établi. Enfin ils ont promis qu'ils défendraient avec conscience notre honneur, nos droits nos intérêts, et ils ont partout vendu notre honneur et abandonné nos droits. Il est temps que tant d'iniquités aient leur terme ; il est temps d'aller leur demander ce qu'ils ont fait de cette France si grande, si généreuse, si unanime en 1830.

» Agriculteurs, ils vous ont laissé, pendant la paix, de plus forts impôts que ceux que Napoléon prélevait pendant la guerre.

» Industriels et commerçants, vos intérêts sont sacrifiés aux exigences étrangères ; on emploie à corrompre l'argent dont l'empereur se servait pour encourager vos efforts et vous enrichir.

» Enfin, vous toutes, classes laborieuses et pauvres, qui êtes en France le refuge de tous les sentiments nobles, souvenez-vous que c'est parmi vous que Napoléon choisissait ses lieutenants, ses maréchaux, ses minist.es, ses princes, ses amis, appuyez-moi de votre concours et montrons au monde que ni vous, ni moi, n'avons dégénéré.

» J'espérais comme vous que, sans révolution, nous pourrions corriger les mauvaises influences du pouvoir : mais aujourd'hui plus d'espoir. Depuis dix ans on a changé dix fois de ministère ; on en changerait dix fois encore que les maux et les misères de la patrie seraient toujours les mêmes.

» Lorsqu'on a l'honneur d'être à la tête d'un peuple comme le peuple français, il y a un moyen infaillible de faire de grandes choses, c'est de le vouloir.

Il n'y a en France, aujourd'hui, que violence d'un côté, que licence de l'autre ; je veux rétablir l'ordre et la liberté.

Je veux en m'entourant de toutes les sommités du pays, sans exception, en m'appuyant sur la volonté et les intérêts des masses, fonder un édifice inébranlable.

Je veux donner à la France des alliances véritables, une paix solide, et non la jeter dans les hasards d'une guerre générale.

» Français! je vois devant moi l'avenir brillant de la patrie.

» Je sens derrière moi l'ombre de l'Empereur qui me pousse en avant; je ne m'arrêterai que lorsque j'aurai repris l'épée d'Austerlitz, remis les aigles sur nos drapeaux , et le peuple dans ses droits.

« NAPOLÉON. »

« A L'ARMÉE. »

« Soldats!

» La France est faite pour commander, et elle obéit. Vous êtes l'élite du peuple, et l'on vous traite comme un vil troupeau. Vous êtes faits pour protéger l'honneur national, et c'est contre vos frères qu'on tourne vos armes. Ils voudraient ceux qui vous gouvernent, avilir le noble métier de soldat. Vous vous êtes indignés et vous avez cherché ce qu'étaient devenus les aigles d'Arcole, d'Austerlitz, d'Iéna. Ces aigles, les voilà ! je vous les rapporte, reprenez-les : avec elles, vous aurez gloire, honneur, fortune et, ce qui est plus que tout cela, la reconnaissance et l'estime de vos concitoyens.

» Soldats! vos acclamations lorsque je me présentai à vous à Strasbourg ne sont pas sorties de ma mémoire. Je n'ai pas oublié les regrets que vous manifestiez sur ma défaite.

» Entre vous et moi il y a des liens indissolubles; nous avons les mêmes haines et les mêmes amours; les mêmes intérêts et les mêmes ennemis.

« Soldats ! la grande ombre de l'empereur Napoléon vous parle par ma voix. Hâtez-vous pendant qu'elle traverse l'Océan, de renvoyer les traîtres et les oppresseurs : montrez-lui, à son arrivée, que vous êtes les dignes fils de la Grande-Armée, et que vous avez repris ces emblêmes sacrés qui, pendant quarante ans, ont fait trembler les ennemis de la France, parmi lesquels étaient ceux qui vous gouvernent aujourd'hui.

» Soldats aux armes !

» Vive la France !

» NAPOLÉON. »

Dans une troisième proclamation adressée aux habitants du Pas-de-Calais, on remarque cette phrase :

» Ne craignez point ma témérité, je viens assurer les destinées de la France et non les compromettre. *J'ai des amis puissants à l'extérieur, comme à l'intérieur, qui m'ont promis de me soutenir.*»

Enfin vient un décret dont une des clauses principales est :

« La réunion d'un congrès national dès l'arrivée du prince Napoléon à Paris.»

Pour offrir en son entier l'historique de l'affaire de Boulogne, nous allons retracer ici les débats auxquels elle donna lieu et les pièces officielles qui sont acquises à la publicité. On y retrouvera tous les détails du débarquement du prince et de ses amis, et pour éclairer les faits, nous les ferons précéder de l'exposé des motifs qu'il adressa à la Cour des pairs chargée de le juger, et que voici :

« Sans orgueil, comme sans faiblesse, si je rappelle les droits déposés par la nation dans les mains de ma famille, c'est uniquement pour expliquer les devoirs que ces droits nous ont imposés à tous.

» Depuis cinquante ans que le principe de la souveraineté du peuple a été consacré en France par la plus puissante révolution qui se soit faite dans le monde, jamais la volonté nationale n'a été proclamée aussi solennellement, n'a été constatée par des suffrages aussi nombreux et aussi libres que pour l'adoption des constitutions de l'Empire.

» La nation n'a jamais révoqué ce grand acte de sa souveraineté, et l'Empereur l'a dit : Tout ce qui a été fait sans elle est illégitime.» Aussi gardez-vous de croire que, me laissant aller au mouvement d'une ambition personnelle, j'aie voulu tenter en France, malgré le pays, une restauration impériale. J'ai été formé par de plus hautes leçons et j'ai vécu sous de plus nobles exemples.

» Je suis né d'un père qui descendit du trône sans regret, le jour où il ne jugea plus possible de concilier avec les intérêts de la France, les intérêts du peuple qu'il avait été appelé à gouverner.

» L'Empereur, mon oncle, aima mieux abdiquer l'empire que d'accepter, par des traités, les frontières restreintes qui devaient exposer la France à subir les dédains et les menaces que l'étranger se permet aujourd'hui ; je n'ai pas respiré un jour dans l'oubli de tels enseignements. La proscription imméritée et cruelle, qui pendant vingt ans a traîné ma vie des marches du trône sur lesquelles je suis né, jusqu'à la prison d'où je sors en ce moment, a été impuissante à irriter comme à fatiguer mon cœur ; elle n'a pu me rendre étranger un seul jour à la gloire, aux droits, aux intérêts de la France. Ma conduite, mes convictions s'expliquent.

» Lorsqu'en 1830 le Peuple a reconquis sa souveraineté, j'avais cru que le lendemain de la conquête serait loyal comme la conquête elle-même, et que les destinées de la France étaient à jamais fixées. Mais le pays a fait la triste expérience des dernières années ! J'ai pensé que le vote de quatre millions de citoyens, qui avaient élevé ma famille,

nous imposait au moins le devoir de faire appel à la nation
et d'interroger sa volonté. J'ai cru même que, si au sein du
congrès national, que je voulais convoquer, quelques prétentions pouvaient se faire entendre, j'aurais le droit d'y réveiller les souvenirs éclatants de l'Empire, d'y parler du frère
aîné de l'empereur, de cet homme vertueux qui, avant moi,
en est le digne héritier, et de placer en face de la France aujourd'hui affaiblie, passée sous silence dans le Congrès des
rois, la France d'alors si forte au dedans, au dehors si puissante et si respectée ! La nation eût répondu : République
ou Monarchie, Empire ou Royauté; de sa libre décision dé-
pend la fin de nos maux, le terme de nos dissensions.

» Quant à mon entreprise, je le répète, je n'ai point eu de
complices; seul j'ai tout résolu, personne n'a connu à l'avance
ni mes projets, ni mes ressources, ni mes espérances. Si je
suis coupable envers quelqu'un, c'est envers mes amis seuls;
toutefois, qu'ils ne m'accusent pas d'avoir abusé légèrement
de courages et de dévoûments comme les leurs : ils compren-
dront les motifs d'honneur et de prudence qui ne me permettent pas de révéler à eux-mêmes combien étaient étendues et puissantes mes raisons d'espérer un succès.

» Un dernier mot, Messieurs je représente devant vous un
principe, une cause, une défaite. Le principe, c'est la souveraineté du peuple ; la cause, celle de l'Empire ; la défaite,
Waterloo ! Le principe, vous l'avez reconnu ; la cause, vous
l'avez servie ; la défaite, vous avez voulu la venger. Non, il
n'y a pas de désaccord entre vous et moi, et je ne veux pas
croire que je puisse être dévoué à porter la peine des défections d'autrui.

Nous avons voulu placer cette profession de foi
avant l'histoire de l'affaire de Boulogne , car elle la
justifie. Voici maintenant les détails :

PIÈCES OFFICIELLES.

DÉPÊCHES TÉLÉGRAPHIQUES.

Boulogne, 6 août, à huit heures et demie du matin.

Le sous-préfet, à M. le ministre de l'intérieur.

« Louis Bonaparte vient de faire une tentative sur Boulogne ; il est poursuivi, et déjà plusieurs des siens sont arrêtés. »

Boulogne, 6 août, 9 heures trois quarts.

Le sous-préfet, à M. le ministre de l'intérieur.

« Louis Bonaparte est arrêté. Il vient d'être transféré au château, où il sera bien gardé.

» La conduite de la population, de la garde nationale et de la troupe de ligne a été admirable. »

Rapport du sous-préfet de Boulogne.

AU MINISTRE DE L'INTÉRIEUR.

« Boulogne, 6 août 1840.

» Monsieur le ministre,

» Les mesures de toutes sortes que j'ai dû prendre dans le cours de la journée ne m'ont permis de recueillir encore que des détails bien incomplets sur les circonstances qui ont précédé, accompagné et suivi l'échauffourée de ce matin, et l'arrestation de Louis Bonaparte. Je vais essayer cependant de vous en tracer un court récit.

» Louis Bonaparte et sa suite paraissent avoir été débarqués ce matin vers trois ou quatre heures à Wimereux, petite anse distante d'une lieue de la ville de Boulogne, par le paquebot anglais *City of Edimbourg*, qui est ensuite venu mouiller en rade de Boulogne. Ils se sont d'abord emparés d'un poste de douaniers, qu'ils ont contraints de les guider vers la ville. Dans le trajet, ils se sont arrêtés à boire, et sont arrivés à la caserne militaire vers cinq heures; là, aidés par un lieutenant au 42ᵉ, ils se sont efforcés d'entraîner les soldats, qui, à la voix de leur brave et dévoué capitaine commandant, ont tous persisté dans la ligne du devoir.

» Au moment où ce capitaine cherchait à pénétrer au milieu de ses soldats, et à les haranguer, Louis Bonaparte a dirigé sur lui un pistolet dont la balle, détournée, a frappé un grenadier au cou; on craint beaucoup pour ses jours.

» Repoussé de la caserne, Louis Bonaparte et une trentaine d'hommes, officiers et soldats, qui l'accompagnaient, ont voulu parcourir la ville, répandant des proclamations et de l'argent ; ils se sont dirigés vers la Haute-Ville, et c'est au moment où ils allaient arriver à la sous-préfecture, qu'averti depuis quelques instants, et déjà revêtu de mon uniforme, je me suis avancé seul à leur rencontre, et je les ai sommés, au nom du roi, de se séparer et d'abattre leur drapeau, en m'adressant d'ailleurs à ceux que je croyais des militaires égarés : un instant ils se sont arrêtés, mais Louis Bonaparte a crié de me repousser, et j'ai été atteint à la poitrine d'un coup de pied du drapeau; je suis descendu alors au poste de la ville, autour duquel se sont successivement ralliés les gardes nationaux appelés par le rappel et par les interpellations que je leur ai adressées en parcourant les rues principales.

» Bientôt la réunion devint assez nombreuse pour qu'il fût possible de songer à les poursuivre ; et, me plaçant à la tête de la garde nationale, commandée par son colonel M. Sansot, et d'un détachement de vingt hommes de ligne, je marchai sur la Colonne, où les insurgés s'étaient portés, après avoir tenté vainement d'entrer dans la Haute-Ville, dont j'avais, dès le principe, ordonné de fermer les portes.

» A la vue de notre colonne, qui marchait aux cris répétés de vive le roi, ils se sont enfuis laissant dans nos mains
leur drapeau et celui qui le portait. Nous n'avions plus dès
lors affaire qu'à des fuyards, et après m'être entendu avec le
colonel de la garde nationale pour les attaquer sur le point
où ils étaient débarqués, je suis rentré en ville avec ce drapeau, pour y organiser de nouveaux détachements, assurer
l'ordre, pourvoir à tout.

» Pendant ma courte absence, la douane s'était réunie,
la garde nationale était en armes, la population tout entière l'excitait encore par son enthousiasme. Le maire, de
son côté, n'était pas demeuré inactif; par ses ordres, le
capitaine du port, aidé par la douane, s'emparait du paquebot et le faisait entrer dans le port; lui-même montait à
cheval et dirigeait les divers détachements de la garde
nationale. Bientôt cernés, poursuivis de toutes parts, Louis
Bonaparte et ses séides devenaient prisonniers, et on les
voyait arriver successivement sous l'escorte de quelques
gardes nationaux.

» Cependant Louis Bonaparte et quelques autres voulurent
tenter un dernier moyen de salut et rejoindre à la nage des
embarcations; mais le capitaine du port veillait, et sept
d'entre eux, au nombre desquels était Louis Bonaparte,
furent recueillis par lui et bientôt écroués au château, poste
militaire qui m'a paru offrir plus de sûreté que la prison
civile.

» Deux insurgés ont péri : l'un par immersion (il est
inconnu), l'autre, M. Faure, sous-intendant militaire, par
un coup de feu. Deux sont blessés : l'un polonais, d'une
balle à l'épaule, il a dû être amputé, et son état est déses-
péré; l'autre, le colonel Voisin, de deux balles dans les reins
et à la poitrine.

» Il me reste à ajouter, M. le ministre, que le dévoûment et le zèle ont été bien admirables. J'aurais à proposer
des récompenses qui ont été bien méritées ; mais je m'abs-
tiens en ce moment.

» La garde nationale, la ligne et la gendarmerie veillent conjointement à la garde des prisonniers.

» Je suis avec respect, etc.

» Le sous-préfet,

Signé : LAUNAY-LEPRÉVOTS.

Ce premier rapport fut suivi d'un second, daté du 7 août, puis de cinq autres rapports, savoir : l'un de M. Adam, maire de Boulogne, à M. le sous-préfet; le second, de M. Pollet, lieutenant de port, à M. le maire ; le troisième, du capitaine Col-Puygélier, au commandant de place; le quatrième, du commandant de place au général commandant la 16e division militaire ; et enfin, le cinquième, du préfet du département au ministre. Nous ne citerons que ce dernier, parce qu'il renferme la substance de tous les autres, et qu'il est suffisant pour établir l'ordre logique des faits.

Rapport du Préfet du Pas-de-Calais.

AU MINISTRE DE L'INTÉRIEUR.

« Boulogne-sur-Mer, 8 août 1840.

» Monsieur le ministre,

» J'ai l'honneur d'adresser à votre excellence un rapport détaillé sur la tentative dont Boulogne a été le théâtre avant-hier matin.

» Dans la nuit du 5 au 6 août, vers minuit, le sous-brigadier des douanes, Audinet, étant de service avec deux préposés, aperçut devant le poste, à environ un quart de lieue en mer, un bateau à vapeur mouillé; la situation de ce na-

vire n'excita pas autrement son attention, parce qu'il était,
depuis quelques jours surtout, habitué à voir des paquebots,
soit au mouillage, soit louvoyant, de Boulogne à la Pointe-
aux-Oies, pour attendre des dépêches; mais ayant vu, vers
deux heures du matin, un canot qui lui sembla plein de monde
se détacher de ce navire, Audinet se porta rapidement en avant
des préposés, au fil de l'eau; le canot ayant touché à vingt-
cinq pas de lui, il le héla; on lui répondit : « Nous sommes
des hommes du 40ᵉ de ligne, et nous allons de Dunkerque
à Cherbourg; mais une roue de notre paquebot s'est brisée, et
voilà pourquoi nous débarquons. »

» Le brigadier vit alors que le canot était effectivement monté
par une quinzaine de militaires de différents grades, qui sautè-
rent à terre. La pensée qu'on le trompait ne lui vint pas dans ce
moment; il ne conçut de soupçons que quand plusieurs des
individus débarqués, le menaçant de leurs baïonnettes, lui
dirent : « Ne vous opposez pas au débarquement, ou vous
serez traités comme des Bédouins; » et qu'un officier eut repris : « C'est de la douane, ne leur faisons pas de mal. »
Aussitôt le sous-brigadier Audinet et les préposés Caroux et
Legay, qui l'avaient rejoint, furent entourés par les rebelles
bien armés. Puis le canot retourna au paquebot, et fit trois
voyages successifs pour amener à terre le reste de la troupe;
dans l'intervalle, cinq autres employés des douanes, occupés
à faire leur ronde, furent également arrêtés par les rebelles.
Aucun des douaniers ne fut maltraité ni désarmé.

» Pendant le débarquement, quatre individus venant de
Boulogne arrivèrent à la plage, embrassèrent plusieurs des
militaires débarqués, et les deux premiers reçurent des uniformes d'officiers dont ils se revêtirent immédiatement. Sur
ces entrefaites, le lieutenant des douanes Bally fut prévenu,
vers trois heures et demie, de la présence du paquebot. Il se
rendit à Wimereux, persuadé qu'il s'agissait uniquement
d'une infraction aux réglements sanitaires. Dans l'instant où
il arrivait sur la place de ce village, cinq ou six officiers s'a-
vancèrent sur lui, et sur sa réponse qu'il était le chef de la

douane du lieu, on le somma de guider le détachement jusqu'à Boulogne. Le détachement était composé d'une trentaine d'hommes portant l'uniforme et le numéro du 40ᵉ de ligne, et d'une trentaine d'individus revêtus d'insignes et d'uniformes d'officiers de tous grades.

» Au moment du départ, il y eut dans le groupe des officiers quelques discussions sur le chemin qu'il convenait de suivre; il fut d'abord question de prendre la falaise, mais les individus arrivés de Boulogne ayant indiqué le chemin de la Colonne, leur avis prévalut. La troupe se forma, et l'on se mit en marche. Les rebelles placèrent séparément et à distance les employés qu'ils prenaient pour guides ou plutôt qu'ils enlevaient, afin de ne rien laisser d'inquiétant derrière eux; leur chef, M. Bally, après avoir supplié vainement qu'on le laissât à Wimereux, se vit contraint de marcher comme les autres. On fit plusieurs haltes, et il paraît certain que dans l'une d'elles de copieuses libations de vin de Champagne et d'eau-de-vie eurent lieu de la part des insurgés.

» La troupe étant arrivée à la hauteur de la Colonne qu'on laissa à droite après lui avoir fait le salut du drapeau, un officier-général ayant vu M. Bally parler à un de ses préposés dont il s'était rapproché, vint à lui, et, après lui avoir défendu de causer, lui dit : « Savez-vous bien que c'est le prince Louis Bonaparte qui est à notre tête; Boulogne est à nous, et dans peu de jours le prince sera proclamé empereur des Français par la nation, qui le désire, et par le ministère français, qui l'attend. »

» M. Bally lui répondit que ce qu'il entendait rendait sa position et celle de ses employés plus fâcheuse encore qu'il ne l'avait pensé d'abord; il demanda avec instance qu'il lui fût permis, puisque l'on voyait Boulogne et le chemin direct, de retourner à son poste avec ses hommes; le général s'y refusa et lui dit qu'il fallait aller plus loin encore. Un quart d'heure après, à deux cents pas environ du bureau de l'octroi, M. Bally renouvela sa demande, en s'adressant au prince lui-même, qui lui dit alors : « Je veux bien que vous retour-

4

niez à Wimereux, mais sous condition que vous irez directement et sans dire un mot de ce qui vient de se passer. »

» Les préposés se réunirent et repartirent avec leur lieutenant, observés par quatre hommes armés qui les suivirent
jusqu'au pied de la Colonne, et les virent se diriger sur la
crèche de Wimille. Au moment de la séparation, un officier
supérieur s'approcha de M. Bally, et lui offrit une poignée
d'argent, qui fut vivement refusée. Des tentatives de séduction de la même nature ont été faites auprès de ses préposés,
qui ont tenu la même conduite, à l'exception d'un seul dont
l'administration des douanes a déjà fait justice.

» Cependant les rebelles, arrivés à Boulogne vers cinq heures du matin, se présentèrent à la caserne au moment du lever des militaires, et s'efforcèrent de les entraîner par des offres d'argent et des promesses de grades. Le lieutenant de vol-
tigeurs Aladenise, appartenant au 42ᵉ, et arrivé à Boulogne
depuis la veille, paraît avoir surtout usé de toute l'influence
que lui donnait sa position pour les séduire, lorsque est in-
tervenu le capitaine de grenadiers Col-Puygélier, commandant le détachement en garnison dans la ville, qui par son
énergie, par l'expression vive et entraînante de sa fidélité au
roi, a donné aux soldats un exemple unanimement suivi. C'est
alors que Louis Bonaparte, après avoir tenté, dit-on, de lui
arracher sa décoration, a dirigé sur lui, presque à bout portant, un pistolet dont la balle a frappé au cou un grenadier du
42ᵉ. On craint pour la vie de ce militaire, qui est marié.

» Après cette tentative d'assassinat sur la personne de leur
commandant, il n'y avait plus rien à attendre des braves du
42ᵉ, et les rebelles, quittant la caserne, se répandirent dans
les rues, jetant des proclamations et de l'argent aux cris de
vive l'empereur! Ils arrivèrent ainsi devant le poste de la
place d'Alton, où se trouvaient quatre militaires, commandés
par le sergent Morange; les promesses et les menaces furent
successivement employées envers ces militaires comme envers
leurs camarades, et, cette fois encore, repoussées avec non
moins d'énergie et de loyauté; continuant leur route vers la

Haute-Ville, et formés en cortége au milieu duquel flottait un drapeau tricolore à l'aigle impériale, sur lequel étaient inscrits en caractères dorés les noms des principales victoires remportées par nos armées, ils arrivèrent près de l'hôtel de la sous-préfecture.

» Le sous-préfet, M. Launay-Leprévost, avait depuis quelques instants eu le temps de revêtir son uniforme, de courir lui-même au quartier de la gendarmerie pour faire prendre les armes, et d'ordonner la fermeture des portes de la Haute-Ville. Il vit le groupe de séditieux qui marchait l'épée nue aux cris répétés de *vive l'empereur* ! Quoique seul, il se dirigea directement vers eux, les somma, au nom du roi, d'abattre leur drapeau et de se séparer à l'instant ; puis, s'adressant à ceux qu'il croyait des militaires égarés, il les rappela énergiquement au devoir, en leur représentant qu'ils étaient les dupes d'un aventurier, etc.

» Les cris de *vive l'empereur* ! couvraient sa voix, mais il ne cessa d'y répondre par les cris de *vive le roi* ! jusqu'au moment où Louis Bonaparte ayant commandé de le repousser, il fut frappé à la poitrine par l'aigle du drapeau, et faillit être renversé. Le cortége continua alors sa marche, et le sous-préfet ne put que leur déclarer que dans peu d'instants il les rejoindrait à la tête de la garde nationale. Il courut aussitôt au poste de la place d'Alton, où il trouva les quatre braves du 42e, commandés par le sergent Morange ; il parcourut ensuite les rues principales, appelant aux armes les citoyens qu'il connaissait, en leur indiquant le poste de la place d'Alton pour lieu de ralliement.

» Bientôt il s'y réunit un certain nombre de gardes nationaux, et le colonel Sansot, qui lui-même avait fait battre la générale à la Haute-Ville et rallié d'autres gardes nationaux, vint l'y joindre à cheval. Des cartouches furent distribuées, malheureusement avec quelque lenteur.

» Cependant les rebelles s'étaient présentés aux portes de la Haute-Ville qu'ils avaient trouvées fermées, et après avoir inutilement tenté d'enfoncer à coups de hache celle de Calais,

que gardait le commandant de place avec un détachement
de vingt hommes du 42ᵉ, commandés par un officier, ils prirent la direction de la Colonne de la grande armée distante
d'un kilomètre de la ville, et y arborèrent le drapeau.

» Mais ils furent bientôt suivis par le détachement de la
garde nationale, commandé par le colonel Sansot, en tête duquel s'étaient aussi placés le sous-préfet et M. Dutertre-Del-
porte, adjoint au maire de la ville, et qu'éclairait la brigade
de gendarmerie commandée par le lieutenant Bilot ; au détachement, fort de cent hommes à peu près, mais qui se gros-
sissait incessamment, se joignirent, par les ordres du commandant de place, les vingt militaires du 42ᵉ qui gardaient la
porte de Calais, et tous marchèrent contre les rebelles, qui
s'étaient d'abord placés en tirailleurs dans les bois qui encei-
gnent le monument.

» Le colonel Sansot fit ses dispositions pour les attaquer, et
ce fut alors, sur l'observation du sous-préfet qu'il convenait
de placer les militaires en avant, afin d'épargner le sang des
citoyens, presque tous pères de famille, qu'avec une admirable unanimité officiers et gardes nationaux réclamèrent à grands
cris l'honneur de marcher les premiers. Le sous-préfet dut
céder à leur enthousiasme et à la demande expresse de leur
brave colonel. On marcha donc ; mais à la vue de la garde
nationale, aux cris de *vive le roi*, qu'elle poussait avec ardeur, les séditieux s'étaient débandés, et, fuyant à travers
champs, ils laissèrent (tant était grande leur précipitation),
dans l'intérieur de la colonne, leur drapeau et celui qui le
portait.

» Certain alors de n'avoir plus affaire qu'à des fuyards, le
colonel Sansot divisa sa colonne en détachements, et se mit
immédiatement à leur poursuite, toujours précédé par la
gendarmerie et accompagné par les hommes du 42ᵉ.

» Le sous-préfet, après avoir concerté avec le colonel les
moyens les plus propres à traquer les fuyards à la côte, rentra immédiatement en ville, faisant porter le drapeau pris
par deux gardes nationaux. Il était salué par les acclamations

de la population entassée sur la route et dans les rues qu'il devait traverser.

» Le rebelle, porteur de ce drapeau, suivait sous la garde de quelques autres gardes nationaux, et sa présence excitait au plus haut degré l'animadversion de la foule.

» Cependant les fuyards étaient serrés de près par les détachements formés de la colonne principale dirigée par le colonel, par d'autres détachements sortis de la ville, et à chaque instant, quelques-uns tombaient aux mains de la garde nationale ou de la gendarmerie.

» C'est ainsi que le lieutenant Bilot, n'ayant plus avec lui que trois gendarmes, a fait mettre bas les armes au sieur Bouffé-Montauban, se disant colonel, au lieutenant du 42e Aladenize, et à cinq autres individus vêtus en militaires.

» Bientôt, traqués de tous côtés, les insurgés n'eurent plus d'autre ressource que de se jeter à la mer pour essayer de rejoindre le paquebot qui les avait apportés.

» Ici commence une série de faits pour l'intelligence desquels il importe de rétrograder.

» Pendant la marche sur la Colonne, et la poursuite des insurgés, le maire, son premier adjoint, la douane, ceux enfin qui gardaient la ville n'étaient point demeurés inactifs.

» M. Adam, avec cette sagacité énergique qui le caractérise, avait compris qu'il importait de couper toute retraite aux insurgés, et il avait dès le principe ordonné au lieutenant du port, Pollet, de se munir d'une force suffisante pour s'emparer du paquebot et le faire entrer au port ou le jeter à la côte.

» Cet ordre important fut exécuté avec autant d'intelligence que de résolution par le lieutenant de port, assisté de quelques proposés des douanes, du pilote Huret et de cinq marins. En se rendant à bord du paquebot qui se trouvait sur rade, le lieutenant Pollet rencontra à peu de distance de la jetée de l'ouest le canot de ce paquebot, qu'il supposa avoir été placé là en attendant des ordres ; aussi hélé par lui en français, il continua sa route sans s'arrêter à répondre. Bientôt il aborda le paquebot, et donna l'ordre au capitaine d'appareil-

4.

ler pour le port; sur le refus de celui-ci, il déclara que ses hommes et lui allaient à son défaut exécuter cette manœuvre, et finit par menacer d'employer la force. Le capitaine se décida enfin; mais parvenu à deux cents mètres de la jetée de l'ouest et au bruit de coups de fusils tirés de la plage sur les hommes qu'on voyait à la nage, ce capitaine arrêta son navire; le lieutenant Pollet lui signifia vivement qu'il eût à continuer, et l'y contraignit. A ce moment une deuxième embarcation montée par le sieur Carry, premier maître de port, par deux gendarmes de la marine, le pilote Wadoux et cinq canotiers, avait rallié le paquebot.

» Le lieutenant Pollet chargea donc le maître Carry de faire rentrer le paquebot, et se jeta dans l'un des canots avec cinq matelots et les deux gendarmes de la marine. Il se dirigea à force de rames sur les hommes à la nage; le feu dirigé sur ces hommes cessa dès qu'il fut au milieu d'eux, et il recueillit successivement dans son embarcation Louis Bonaparte et son état-major, composé de trois personnes, qu'il conduisit au quai, et qu'il remit aux mains de M. le maire qui s'y trouvait. Ils furent immédiatement conduits au château dans une voiture, où le sous-préfet vint lui-même prendre place.

» Nous avons laissé Louis Bonaparte et ce qui restait des siens acculés à la mer et réduits à chercher leur salut dans les flots : ils s'étaient en effet emparés d'une embarcation qui se trouvait sur la plage, et ils s'y étaient précipités avec tant d'empressement qu'elle avait chaviré. Ils se trouvaient ainsi à la nage, sous le feu de la garde nationale, lorsque le lieutenant Pollet vint les sauver.

» Cependant le sieur Fauré, sous-intendant militaire, avait été atteint d'une balle à la tête qui lui a causé la mort; un autre, encore inconnu, a péri par immersion ; un troisième, le colonel Voisin, a reçu deux ou trois blessures, et un quatrième, soldat polonais, une balle à l'épaule, qui a nécessité l'amputation.

» Ainsi la prévoyance de M. Adam et l'intelligente résolution du lieutenant Pollet ont assuré la capture de Louis Bonaparte et de ses principaux adhérents. Mais là ne se sont pas bornées les preuves de zèle et de dévoûment du premier de ces fonctionnaires. Informé de la rentrée en ville de M. le sous-préfet et de la fuite des rebelles, il est monté lui-même à cheval pour diriger et encourager par sa présence les poursuites et les recherches, comme il avait pourvu, en l'absence momentanée de M. Launay-Leprévost, et avec l'assistance de M. Martinet, son adjoint, à l'armement de détachements de la garde nationale et de la douane, expédiés successivement à la poursuite des insurgés.

» En se dirigeant vers la Colonne, les insurgés avaient laissé en ville le comte de Montholon et le colonel Parquin, qui furent arrêtés presque aussitôt par le commissaire de police Bergeret, assisté de M. Chauveau-Soubitez, officier de la garde nationale. Ce commissaire de police a fait preuve en cette circonstance, comme dans toute cette affaire, d'une énergie et d'un dévoûment qui le recommandent à la bienveillance du Gouvernement.

» De tous côtés, habitants et gardes nationaux arrêtaient les autres fugitifs et les livraient aux autorités, ainsi que les papiers et valeurs dont ils étaient porteurs, et qui étaient déposés aux mains de la justice, dont la tâche allait commencer.

» Je suis avec respect, M. le ministre,

» Votre très humble et très obéissant serviteur.
» Le préfet du Pas-de-Calais,

» Signé GAUJA. »

A la suite du rapport envoyé par le sous-préfet de Boulogne et avant la réception de celui du préfet, le conseil des ministres s'assembla, et il fut décidé que la chambre des pairs serait saisie de l'affaire. En conséquence il fut publié, dans le *Moniteur* du 10 août, une ordonnance dont voici le texte :

MONITEUR DU 10 AOUT.

Ordonnance du roi.

Louis-Philippe, roi des Français,

Sur le rapport de notre garde-des-sceaux, ministre secrétaire d'État au département de la justice et des cultes;

Vu l'article 28 de la charte constitutionnelle;

Vu les articles 87, 88, 91, 92, 96, 97, 98, et 99 du Code pénal;

Attendu que, dans la journée du 6 août 1840, un attentat contre la sûreté de l'État a été commis dans la ville de Boulogne-sur-Mer, nous avons ordonné et ordonnons ce qui suit

Art. 1er. La Cour des pairs est convoquée.

Les pairs absents de Paris seront tenus de s'y rendre immédiatement, à moins qu'ils ne justifient d'un empêchement légitime.

Art. 2. Cette Cour procédera sans délai au jugement des individus qui ont été ou qui seront arrêtés comme auteurs, fauteurs ou complices de l'attentat ci-dessus énoncé.

Art. 3. Elle se conformera pour l'instruction aux formes qui ont été suivies par elle jusqu'à ce jour.

Art. 4. Le sieur Franck-Carré, notre procureur-général près la Cour royale de Paris, remplira les fonctions de notre procureur-général près la Cour des pairs.

Il sera assisté du sieur Boucly, avocat-général près la Cour royale de Paris, faisant les fonctions d'avocat-général et chargé de remplacer le procureur-général en son absence, et des sieurs Nouguier et Glandaz, substituts de notre procureur-général, lesquels composeront avec lui notre parquet près notre Cour des pairs.

Art. 5. Le garde des archives de la chambre des pairs et son adjoint rempliront les fonctions de greffiers de notre Cour des pairs.

Art. 6. Notre garde des sceaux, ministre secrétaire d'état au département de la justice et des cultes, est chargé de l'exécution de la présente ordonnance, qui sera insérée au bulletin des lois.

Donné au palais des Tuileries, le 9 août 1840.

LOUIS-PHILIPPE,

Par le roi.

Le garde-des-sceaux, ministre secrétaire d'état au département de la justice et des cultes.

VIVIEN.

Le 18 août la Chambre des pairs, s'étant réunie en cour de justice, constitua sa juridiction, donna acte au procureur-général du dépôt de son réquisitoire, et rendit un arrêt ainsi conçu.

MONITEUR DU 19 AOUT.

LA COUR DES PAIRS,

Vu l'ordonnance du roi en date du 9 de ce mois;

Vu l'art. 28 de la Charte constitutionnelle;

Ouï le procureur du roi en ses dires et réquisitions, et après en avoir délibéré,

Donne acte au procureur-général du dépôt par lui fait sur le bureau de la Cour d'une réquisition renfermant plainte contre les auteurs, fauteurs et complices de l'attentat à la sûreté de l'état commis à Boulogne-sur-Mer, département du Pas-de-Calais, le 6 de ce mois; ordonne que par M. le chancelier de France, président de la Cour, et par tels de MM. les pairs qu'il lui plaira commettre pour l'assister et le remplacer en cas d'empêchement, il sera sur-le-champ procédé à l'instruction du procès; pour, ladite instruction faite et rapportée, être par le procureur-général requis et par la Cour statué ce qu'il appartiendra.

Ordonne que, dans le cours de ladite instruction, les fonctions attribuées à la chambre du conseil, par l'art. 128 du Code d'instruction criminelle, seront remplies par M. le chancelier, président de la cour, celui de MM. les pairs commis par lui pour faire le rapport, et MM. de Bellemare, Besson, de Cambacérès, le vicomte Decaux, le comte Dutaillis, le baron Feutrier, le baron Fréteau de Peny, le comte Heudelet, Odier, Rossi, le chancelier Tarbé de Vauxclairs, Villemain, que la Cour commet à cet effet ; lesquels se conformeront d'ailleurs pour le mode de procéder aux dispositions du Code d'instruction criminelle, et ne pourront délibérer s'ils ne sont au nombre de sept au moins ;

Ordonne que les pièces à conviction ainsi que les procédures et actes d'instruction déjà faits seront apportés sans délai au greffe de la Cour ;

Ordonne pareillement que les citations et autres actes du ministère d'huissier seront faits par les huissiers de la chambre ;

Ordonne que le présent arrêt sera exécuté à la diligence du procureur-général du roi.

Fait et délibéré au palais de la Cour des pairs, à Paris, le mardi 18 août 1840, en la chambre du conseil, où siégeaient cent trente-un membres de la Cour,

Assistés de MM. Eugène Cauchy, greffier en chef, et Léon de la Chauvinière, greffier en chef adjoint de la Cour.

En exécution de l'arrêt qui précède, M. le chancelier a délégué pour l'assister dans l'instruction ordonnée par cet arrêt, MM. le duc Decazes, le comte Portalis, le baron Girod (de l'Ain), le maréchal comte Gérard et Persil.

OUVERTURE DES DÉBATS.

C'est le 28 juillet qu'a eu lieu l'ouverture des débats. Les plus grandes précautions contre tout événement étaient prises dans l'intérieur du palais du Luxembourg et aux alentours. Dès dix heures du matin, on ne pouvait qu'avec les plus grandes difficultés entrer dans la cour du palais, même pour les communications les plus urgentes. Dans le jardin on avait établi une forte cloison en poutrelles depuis l'Orangerie jusqu'au bâtiment neuf, et le nombre des factionnaires était considérable de ce côté. Ces précautions excessives avaient éloigné les curieux, peu amateurs des formes extrêmement sommaires de la police : on ne voyait à toutes les issues que des uniformes de troupes, la plupart en grande tenue, parmi lesquels se dessinaient les habits bleus des sergents de ville. Aussi éprouvait-on une impression pénible aux approches de ce palais où l'on avait mis sur la sellette le neveu, l'héritier de NAPOLÉON-LE-GRAND. C'est à midi et demi que les accusés ont été introduits. L'arrivée du prince a produit une sensation difficile à décrire, et plus d'un de ceux qu'il refuse pour juges n'a pu se défendre d'une certaine émotion en voyant là, captif et sous une menace de mort, celui qu'adopta l'homme qui les avait eux-mêmes comblés de richesses et décorés de tous les titres honorifiques. Le prince portait le grand aigle de la Légion d'Honneur. Sa tenue était à la fois grave et digne : aux premières questions qui ont été adressées, il a répondu par une protestation dont nous donnons plus loin le texte, et qui révèle des intentions que nous n'avions pu que soupçonner. Du reste, le prince, comme on va le voir, n'accepte pas la Chambre des Pairs pour un tribunal compétent et apte à le juger ; il a même déclaré qu'il ne répondrait pas aux questions qui lui seraient adressées, et si néanmoins il fait encore quelques courtes réponses à M. le chancelier, c'est sans doute pour obéir à cette urbanité française qu'il n'a pu oublier sur la terre de l'exil.

Aux environs du palais du Luxembourg on remarque un déploiement de force armée inusité ; la cour de la caserne des gardes municipaux, située au haut de la rue de Tournon, est remplie de gardes en grande tenue. Un assez grand nombre de curieux se pressent à l'entrée principale du palais. Les postes à l'intérieur sont partout doublés ; ces forces sont encore augmentées d'un piquet de chasseurs à cheval.

Après une course de quelques minutes dans de sinueux corridors bien gardés, on entre dans la nouvelle salle des séances, qui est loin d'avoir reçu tous ses ornements, et qui a été décorée provisoirement pour le procès.

Les tribunes réservées au public sont combles.

La nouvelle salle des séances, qui jusqu'à présent a eu le malheur de ne servir qu'à des procès politiques, est disposée comme aux précédentes solennités de juridiction exceptionnelle.

Plusieurs huissiers entrent, chargés des pièces à conviction ; on distingue parmi ces pièces un drapeau tricolore surmonté d'un aigle, des uniformes et des épées.

A midi un quart les défenseurs et conseils des accusés viennent prendre les places qui leur ont été préparées. Ce sont MM^{es} Berryer et Marie pour le prince Louis-Napoléon et le comte Montholon ; MM^{es} Ferdinand Barrot et Piet pour M. Voisin ; Me Delacour pour M. de Mésonan ; Me Barillon pour MM. Bouffet de Montauban, Lombard et de Persigny ; MM^{es} Ducluzeau et Forestier (frère de l'accusé) pour M. Forestier ; MM^{es} Favre et Pinède pour M. Aladénise ; Me Nogent de Saint-Laurent pour M. Delaborde ; Me Barillon pour M. Conneau ; Me Ferdinand Barrot pour MM. Parquin, Bataille et Desjardins ; Me Lignier pour MM. Ornano, Galvani, Orsi, Bure et d'Almbert. M. d'Almbert est en outre assisté de M^e Ed. d'Almbert, son frère.

CHAPITRE IV.

Interrogatoire du Prince.—Réquisitoire de M. Franck-Carré.
— Son opinion sur tous les accusés. — Plaidoirie de
M⁰ Berryer pour le Prince. — Réplique du ministère public. — Allocution de Louis Napoléon. — Observations de
son défenseur. — Conclusions de M. Franck-Carré. — Arrêt de la Cour. — Emprisonnement du Prince à Ham. —
Sa lettre relative à une amnistie. — Sa profession de foi
démocratique. — Opinion de la presse départementale sur
son compte. — Lettres diverses. — Evasion.

Tous les regards se dirigent avec le plus vif intérêt
vers le prince Napoléon-Louis.

Le prince est un jeune homme de taille moyenne,
aux cheveux châtains ; il porte des moustaches ; il
est vêtu d'un habit noir boutonné et décoré de la pla-
que de grand aigle de la Légion-d'Honneur ; son visage rappelle évidemment le type napoléonien.

Un lieutenant de gendarmerie qui précède le prince
lui désigne sa place en tête du premier banc ; M. le
général comte de Montholon, le vieux et fidèle compagnon de l'empereur, s'asseoit à côté du prince ;
viennent ensuite M. Voisin, blessé, le bras en écharpe,
et soutenu dans un foulard rouge ; puis MM. Le Duff
de Mésonan, de Montauban, Lombard, de Persigny,

Forestier, Bataille, Aladenise, Laborde, Desjardins, Conneau, Ornano, Galvani, d'Almbert, Orsi et Bure.

A une heure un huissier annonce la Cour.

M. PASQUIER, en grand costume de chancelier, entre suivi de tous les membres de la Cour.

Les pairs ayant pris place, les membres du parquet sont introduits.

Le parquet se compose de M. le procureur-général Franck-Carré, assisté des procureurs-généraux Boucly, Glandaz et Nouguier.

LE PRÉSIDENT : L'audience est ouverte. M. le greffier de la Cour va procéder à l'appel nominal de messieurs les pairs.

M. CAUCHY, secrétaire-archiviste, greffier de la Cour des pairs, fait l'appel nominal.

M. LE PRÉSIDENT : Louis-Napoléon Bonaparte, levez-vous ; je vais procéder à votre interrogatoire.

LE PRINCE LOUIS SE LEVANT : Avant de répondre à vos questions, j'ai à présenter à la Cour quelques observations. (Vif mouvement.)

« Pour la première fois de ma vie, il m'est enfin permis d'élever la voix en France, et de parler librement à des Français.

« Malgré les gardes qui m'entourent, malgré les accusations que je viens d'entendre, plein des souvenirs de ma première enfance, en me trouvant dans ces murs du sénat, au milieu de vous que je connais, Messieurs, je ne peux pas croire que j'aie ici besoin de me justifier, ni que vous puissiez être mes juges. Une occasion solennelle m'est offerte d'expliquer à mes concitoyens ma conduite, mes intentions, mes projets, ce que je pense, ce que je veux. » (Attention.)

Ici, le prince expose le résumé que nous avons publié aux pages 55 et suivantes; il termine d'une façon calme et digne, sans colère comme sans emphase.

« Représentant d'une cause politique, je ne puis accepter comme juge de mes volontés et de mes actes une juridiction politique. Vos formes n'abusent personne. Dans la lutte qui s'ouvre, il n'y a qu'un vainqueur et un vaincu. Si vous êtes les hommes du vainqueur, je n'ai pas de justice à attendre de vous, et je ne veux pas de générosité. » (Vive et longue agitation.)

Une vive émotion succéda à cette improvisation qui définissait si bien ce qu'avait voulu accomplir l'héritier de la gloire impériale; les pairs ne purent se défendre d'une sensation douloureuse. Ils étaient tous ou d'anciens serviteurs des Bonaparte, ou des compagnons d'armes de Napoléon, et ils allaient juger l'enfant de cette famille qui avait soutenu, avec tant d'éclat, la gloire de la France.

Le prince, impassible, s'était remis à sa place, et causait avec Me Berryer, son défenseur.

Ses co-accusés conservaient un stoïque maintien; aucune fatigue ne se révélait sur ses traits.

Le public, impressionné par la gravité des débats, attendait silencieusement l'issue de cette grande lutte entre deux puissances, la souveraineté constitutionnelle et la souveraineté élective.

M. le Chancelier, après avoir recommandé le plus grand calme, commença l'interrogatoire du prince, ainsi qu'on va le lire plus loin :

Cet interrogatoire reproduit tous les détails des évènements survenus avant, pendant et après le débarquement. Le prince s'y montre d'une réserve extrême, et on sent que la crainte de compromettre ses compagnons est le seul mobile qui l'anime.

Historien impartial, nous préférons donner le compte rendu de ce procès plutôt que notre opinion particulière. Quand il s'agit de faire juger un homme par l'opinion publique, les actes valent mieux que les appréciations isolées, les faits ont dans leur rigueur mathématique une éloquence que rien ne saurait égaler.

M. le chancelier, qui a préparé, les jours précédents, avec un soin extrême et en conseil royal, les questions qui doivent composer l'interrogatoire, s'adresse au principal accusé :

M. LE PRÉSIDENT : Prince Louis, vous êtes débarqué sur la côte de Boulogne avec un nombre assez considérable de personnes, dans la nuit du 5 au 6 du mois d'août, dans le but de changer la forme du gouvernement établi par la Charte de 1830 ?

LE PRINCE LOUIS : J'ai déjà répondu à cette question dans mon interrogatoire; on peut s'y référer.

M. LE PRÉSIDENT : Il est de mon devoir de vous adresser devant la Cour toute la série de questions qui vous ont été faites lors de l'instruction. Cela vous fournira l'occasion de modifier vos déclarations, si vous le jugez à propos.

LE PRINCE LOUIS : Soit, M. le Président.

M. LE PRÉSIDENT : Lorsque vous avez débarqué, n'avez-vous pas rencontré un poste de douaniers, et ne l'avez-vous pas forcé à vous suivre ?

LE PRINCE LOUIS : Oui, Monsieur.

M. LE PRÉSIDENT : Avant d'arriver à la caserne, n'êtes-vous pas passé devant un petit poste de la ligne, commandé par un sergent, que vous avez vainement tenté d'emmener avec vous?

LE PRINCE LOUIS : Oui, Monsieur.

M. LE PRÉSIDENT : N'avez-vous pas été à la caserne de Boulogne pour engager les soldats à prendre votre parti ?

LE PRINCE : Oui, Monsieur.

M. LE PRÉSIDENT : Quel était votre but ?

LE PRINCE : Je voulais rendre à la France le rang qui lui appartient.

M. LE PRÉSIDENT : Étant dans la caserne , n'avez-vous pas dit au capitaine : Soyez des nôtres, et vous aurez tout ce que vous voudrez ?

LE PRINCE : Non, Monsieur.

M. LE PRÉSIDENT : Le capitaine refusant d'être des vôtres, ne lui avez-vous pas tiré un coup de pistolet qui a atteint un soldat ?

LE PRINCE : J'ai déjà dit dans mon interrogatoire que j'étais dans un de ces moments où l'on n'est pas maître de ses actions; c'est alors que j'ai tiré un coup de pistolet.

M. LE PRÉSIDENT : En vous rendant de la caserne à la Haute-Ville, n'avez-vous pas, pour entraîner la population, fait distribuer de l'argent et des proclamations ?

LE PRINCE : Des proclamations , oui ; de l'argent, non.

M. LE PRÉSIDENT : Sur votre route, vous avez rencontré le sous-préfet qui , au nom de la loi, vous a sommés de vous disperser ?

LE PRINCE : Oui.

M. LE PRÉSIDENT : Un de ceux qui vous accompagnaient, et qui portait le drapeau, n'a-t-il pas renversé le sous-préfet avec le bâton du drapeau ?

LE PRINCE : Je ne sais pas.

M. LE PRÉSIDENT: En sortant de la Haute-Ville, où, avez-vous entraîné vos camarades ?

LE PRINCE : Je leur dis : Rendez-vous à la Colonne !

M. LE PRÉSIDENT : N'avez-vous pas donné ordre de placer un drapeau sur le haut de la Colonne ?

LE PRINCE : J'ai ordonné à Lombard d'y placer le drapeau tricolore.

M. LE PRÉSIDENT : A quelle époque avez-vous pris la résolution d'attaquer pour la seconde fois le gouvernement ?

LE PRINCE : Lorsque j'ai vu que depuis dix ans le gouvernement n'avait rien établi dans l'intérêt du pays.

D. Quand a eu lieu votre retour des États-Unis, et n'est-ce pas à cette époque que vous avez conçu vos desseins ?

LE PRINCE : Je suis revenu en 1837. Quant à mes desseins, je n'ai rien à répondre, je l'ai déjà fait.

D. C'est à cette époque que vous avez commencé à faire des tentatives pour vous attacher vos coaccusés ?

LE PRINCE : Non, Monsieur.

D. N'avez-vous pas écrit des lettres à Mésonan à cette époque ?

LE PRINCE : Non.

D. Cependant cela est fort probable, puisque Mésonan est aujourd'hui votre co-accusé.

LE PRINCE : Je n'ai pas écrit alors au commandant de Mésonan.

D. N'êtes-vous pas l'auteur de la brochure Laity, dans laquelle était glorifié l'attentat de Strasbourg ?

LE PRINCE : Oui, Monsieur.

D. Vous l'avez fait distribuer dans les casernes ?

LE PRINCE : Non, Monsieur.

D. Vous êtes l'auteur des *Idées Napoléoniennes* ?

LE PRINCE : Oui.

D. Vous êtes aussi l'auteur des *Lettres de Londres*?

LE PRINCE : Cette brochure m'est étrangère.

D. Dans le commencement de 1840, Parquin, Lombard, Forestier, Mésonan, n'ont-ils pas été envoyés par vous en France pour vous chercher des partisans parmi les anciens militaires?

LE PRINCE : Non, Monsieur.

D. Lombard n'a-t-il pas fait un voyage à Lille, n'en a-t-il pas été de même de Mésonan?

LE PRINCE : Je l'ignore.

D. N'avez-vous pas écrit à Mésonan une lettre dans laquelle vous disiez que le général Magnan était désigné par vous pour devenir maréchal de France?

LE PRINCE : Non, Monsieur.

D Cependant le général le déclare.

LE PRINCE : Je ne veux pas changer mon rôle d'accusé contre celui d'accusateur (Vive sensation.)

D. Depuis combien de temps connaissez-vous le lieutenant Aladenise?

LE PRINCE : Je ne le connaissais pas.

D. Cependant il déclare qu'il vous connaît depuis six ans.

LE PRINCE : Il pouvait me connaître, mais je ne le connaissais pas; du reste, sur ce point je refuse de répondre.

D. Qui vous a mis en rapport avec lui?

LE PRINCE : Je ne répondrai pas à cette question.

D. N'est-ce pas Bataille?

LE PRINCE : Je ne crois pas devoir répondre.

D. Les anciens soldats qui ont descendu à Boulogne avec vous, et qui, pour la plupart, étaient vos domestiques, ne vous ont-ils pas été envoyés de France par Parquin et autres des accusés?

LE PRINCE : Je n'ai pas à répondre.

D. Où aviez-vous pris les armes que vous aviez?

LE PRINCE : Je les ai achetées à Londres.

D. D'où venaient les uniformes dont étaient revêtus les officiers qui vous accompagnaient?

LE PRINCE : La plupart sont des officiers; venant me voir, il était tout simple qu'ils revêtissent leur uniforme.

D. Qui a rédigé les proclamations ?

LE PRINCE : Moi.

D. Est-ce du consentement ou à l'insu des hommes dont les noms figurent au bas de ces pièces que vous avez mis ces noms ?

LE PRINCE : C'est à leur insu. (Vive sensation.)

D. Mésonan a dit que s'il avait accepté les fonctions qui lui étaient attribuées il les eût remplies; or il les a remplies : il était donc consentant ?

LE PRINCE : Je ne le crois pas.

D. Pourquoi, dans votre projet de gouvernement provisoire, avez-vous fait figurer les noms d'hommes qui occupent des positions supérieures dans l'État, et dont vous n'aviez pas le droit de compromettre ainsi les noms?

LE PRINCE : J'ai cru cela utile à nos desseins, et d'ailleurs dans l'intérêt du pays. Cela prouve que j'étais disposé à appeler au pouvoir, quelles que fussent leurs opinions, les hommes utiles et capables,

D. Vous prétendez que vous veniez rétablir la souveraineté nationale ; cependant, sans respect pour elle, vous déclarez que la dynastie a cessé de régner; vous détruisez la charte et les lois.

LE PRINCE : Je n'ai rien fait de contraire à la souveraineté nationale. Je voulais réunir un congrès national.

D. Cependant vous commenciez par renverser.

LE PRINCE : On ne peut pas convoquer un congrès national sans faire, avant, une révolution.

Le président interroge longuement le prince sur les proclamations et sur les ordres écrits du colonel Voisin, et sur la participation de cet officier à leur confection. Le prince déclare que les ordres ont été copiés par M. Voisin, qui ignorait complétement ses desseins.

LE PRÉSIDENT : Cependant il est impossible de croire que Montholon, Parquin, ignorassent vos desseins, puisque vous comptiez sur eux.

LE PRINCE : Je répète que cela n'est pas; d'ailleurs j'ai répondu dans mes interrogatoires, et je ne pense pas devoir répondre de nouveau.

D. Vous avez fait faire une distribution d'argent sur le paquebot; qui a fait cette distribution ?

LE PRINCE : La première personne que j'ai trouvée; l'argent a été donné seulement aux domestiques, afin que personne n'en manquât.

M. FRANCK-CARRÉ, procureur-général, se lève, ainsi que ses substituts, suivant la coutume, et lit son réquisitoire, ainsi conçu :

« Messieurs les pairs, après les débats qui ont rempli vos dernières audiences, ne permettrez-vous pas au magistrat que son devoir appelle à soutenir cette accusation, de se demander d'abord quelles peuvent être ici l'utilité de ses paroles et la nécessité d'une discussion ? Rien n'a été contesté ni sur les faits qui constituent l'attentat, ni sur la part qui en est attribuée à chacun des accusés : l'intention, le but, les moyens, tout a été avoué. Dans les réticences mêmes que certaines positions commandaient, on a paru s'inquiéter moins du soin de cacher la vérité que du point d'honneur qui défendait de la dire ; et en produisant des excuses qui pouvaient souffrir des situations moins désespérées, ce n'était pas du crime qu'on tentait de se justifier, mais de l'aveuglement qui l'avait conçu et de la folle présomption qui l'avait entrepris.

» Et comment eût-il été possible, Messieurs, qu'il en fût autrement ? Une violation du territoire à main armée,

5.

le peuple sollicité à la révolte par des distributions d'argent et des acclamations séditieuses, des tentatives réitérées pour ébranler la fidélité des soldats, des proclamations qui provoquent au renversement des institutions du pays, des ordres, des arrêtés, des décrets, qui supposent déjà l'exercice d'une dictature usurpée, ce ne sont pas là des actes dont l'évidence puisse être obscurcie ou dont le caractère soit équivoque ; les factieux avaient marché à découvert au milieu d'une population aussi surprise qu'indignée ; et lorsqu'après la déroute, presque tous les accusés, encore en armes, étaient arrêtés dans leur fuite, ceux-ci portant les marques distinctives des grades qu'ils avaient obtenus au service de la patrie, et qu'ils venaient de mettre au service de l'insurrection, ceux-là revêtus d'uniformes et d'insignes qui ne leur appartenaient point, et dont la révolte les avait décorés pour son usage, nul d'entre eux ne pouvait nier une culpabilité flagrante et le concours qu'il avait prêté à une si criminelle entreprise. Il semble donc, Messieurs, qu'il ne s'agisse plus que de mesurer pour chacun le degré de culpabilité qui lui appartient dans le crime de tous, et c'est là une appréciation où nous devrions peut-être hésiter à précéder votre haute justice, qui sait la faire avec autant de sagesse et de fermeté que d'indulgence.

» Mais nous comprenons, Messieurs, que le procès ne doit point être réduit à ces termes : lorsqu'un effort a été tenté pour substituer un autre gouvernement à celui du pays ; lorsqu'une ambition si haute qu'elle n'aspire à rien moins qu'au souverain pouvoir s'est manifestée par des actes formels ; lorsque quelques hommes ont cru pouvoir menacer d'une révolution nouvelle cette terre sillonnée déjà par tant de révolutions, suffit-il, devant cette Cour surtout, de constater les circonstances matérielles de l'attentat, et de provoquer contre ses auteurs un châtiment mérité ? Ne faut-il pas encore rechercher quels avaient été les mobiles, quelle était la portée de cette agression, sur quels titres s'appuyaient des prétentions si vastes, de quelles influences et de quels moyens disposaient les hommes qui s'étaient bercés d'une si folle espérance ? Vous prévoyez déjà, Messieurs, les résultats de ces investigations ; elles nous montreront jusqu'à quels humiliants mécomptes on a pu être abaissé par l'ignorance de la situation politique du pays ; par l'inintelligence de ses vœux, de ses sympathies, de ses intérêts ; par une spéculation aventureuse fondée sur de glorieux souvenirs dont le culte bien compris condamnait toutes les témérités qu'ils ont inspirées.

» Mais qu'il nous soit permis de rappeler d'abord les circonstances principales de l'attentat qui amène les accusés devant vous. La conduite de cette coupable entreprise et son dénouement doivent être le point de départ de l'appréciation à laquelle nous essayerons ensuite de nous livrer. »

Ici M. le procureur-général rappelle les faits généraux déjà si connus qui se sont passés à Boulogne ; puis, arrivant à l'examen des faits de détail, et à l'appréciation de la part que chaque compagnon du prince a prise à la tentative, il s'exprime ainsi :

« Messieurs, sous le chef qu'ils se sont donné, les accusés se regardent comme enchaînés par le devoir militaire, et celui que la conspiration aurait trouvé infidèle serait à ses propres yeux un soldat qui aurait abandonné son poste.

» Devrons-nous donc nous arrêter à rechercher à quel moment chacun d'eux a été initié aux projets de Louis Bonaparte et aux détails de l'entreprise où l'on allait s'engager ? N'en est-il pas d'abord à l'égard desquels un silence absolu était impossible, et qu'on ne pouvait pas avoir la coupable pensée de compromettre à leur insu dans un attentat à main armée contre le gouvernement de leur patrie ? Que le secret de la conspi-

ration n'ait pas été abandonné à la tourbe des conspirateurs, qu'on n'ait pas cru devoir de confidences à des
domestiques dont on allait cacher la livrée sous un uniforme, à des hommes à gages qu'on emmenait à sa suite,
et qui ont l'habitude de suivre leur maître sans demander où il va, cela est vraisemblable, nous le comprenons;
nous n'hésitons pas à l'admettre. Mais qu'un officier-
général, des officiers supérieurs, des hommes pour lesquels on n'avait pas le droit de méconnaître ce qu'ils se
doivent à eux-mêmes, aient été enlevés en quelque sorte
sous de frivoles prétextes, et jetés, les yeux fermés,
dans une insurrection téméraire, cela n'est pas possible,
Messieurs, et nous ne craignons pas d'affirmer que cela
n'est pas. Pour être amené à croire qu'on ait pu disposer ainsi de leur conscience et de leurs bras, il faudrait
du moins qu'il fût reconnu qu'on les savait toujours
prêts à tout, qu'il n'était pas d'extrémités auxquelles ils
ne fussent d'avance résolus, et qu'entretenus dans un
état permanent de conspiration, ils ne devraient jamais
reculer devant les hasards et les périls de l'exécution.
Qu'importe dès lors qu'on leur ait appris le lieu et
l'heure où leurs vœux seraient réalisés, où l'occasion
qu'ils attendaient leur serait offerte?

» Il est certain que pendant la traversée Louis Bonaparte a fait connaître à tous ceux qui l'accompagnaient
son intention de débarquer à Boulogne, et sa volonté de
renouveler la tentative dans laquelle il avait si triste-
ment échoué à Strasbourg. Il est certain que chacun a
trouvé sous sa main son uniforme, ses armes, son équipe-
ment, et que, sur l'ordre qui en a été donné, l'état-
major, comme la troupe, s'est aussitôt costumé pour
l'action. C'est donc au moins depuis ce moment que
l'entreprise avait été sciemment acceptée, et que tous
les complices s'étaient associés sans réserve à la pensée
de leur chef. Nous ne savons, Messieurs, si parmi eux
il s'est trouvé un homme dont la raison plus mûre com-
prît tout le néant d'une ridicule illusion, et qui prévît

l'inévitable issue d'une témérité sans exemple. Mais celui-là même n'a pas refusé son concours ; et lorsqu'au
milieu du peuple et devant les soldats il marchait revêtu
des insignes de son grade, sous le drapeau de la sédi-
tion, il assurait aux factieux le plus énergique moyen
d'influence dont ils pussent disposer. Le général Montholon ne pourra donc se disculper en invoquant son peu
de confiance dans le succès, ou l'intention de prévenir
les collisions violentes. Placé dans une situation élevée,
il est plus coupable lorsqu'il en foule aux pieds les devoirs : les épaulettes d'officier-général lui imposent, envers la patrie et envers le roi, des obligations plus étroi-
tes ; et son nom, recommandé par un pieux dévoûment
aux souvenirs de la France, ne devait pas être compromis dans une tentative, sans portée, contre les institutions qu'elle s'est faites. Il était de ceux qui avaient reçu
la noble mission de guider l'armée dans les voies de la
fidélité et de l'honneur. La conscience publique et la
justice des lois prononceront un arrêt rigoureux sur le
crime qu'il a commis en devenant le complice de ceux
qui provoquaient les soldats à la trahison et à la révolte.

» Moins élevés en grade, mais officiers en activité de
service, Ornano et Aladenise avaient à remplir des devoirs analogues, et les ont également violés. Le premier
avait quitté son corps en vertu d'un congé. Il ne l'avait
pas rejoint à l'expiration du terme qui lui avait été fixé,
et son absence irrégulière avait duré assez longtemps
pour qu'il dût être jugé comme déserteur. Son nom toutefois n'était pas rayé des contrôles ; il faisait encore
partie du 3ᵉ régiment de dragons. Militaire, il ne devait
pas se considérer comme affranchi de ses serments ; citoyen, il ne pouvait jamais être dégagé de ses devoirs
envers la patrie.

» La conduite d'Aladenise est plus coupable et plus
odieuse encore ; il était au moment de l'attentat en activité de service sous le drapeau de son corps. Pour se
rendre à Boulogne, où il sait que Louis-Bonaparte va

débarquer, il abandonne le lieu de sa garnison. Instruit des projets criminels dont on va tenter l'exécution, il a promis sa coopération la plus active, et il tient largement sa promesse. Ce n'est pas seulement l'influence, c'est l'autorité même de son grade qu'il emploie pour détourner du devoir des soldats qui appartiennent à son régiment. C'est au nom de la hiérarchie et de la discipline que, traître et parjure lui-même, il leur prescrit la trahison et le parjure. Violation déplorable des lois les plus impérieuses de l'honneur! crime le plus odieux peut-être et le plus funeste qu'un militaire puisse commettre ! Que deviendraient les institutions et les lois, la sécurité publique et la liberté, si chacun de ceux qui sont préposés à leur garde croyait pouvoir, au gré de ses intérêts, de ses passions, de ses *principes personnels* (pour rappeler le langage de l'accusé), tourner contre le gouvernement du pays les armes qui lui ont été confiées ? Un témoin rapporte que vous vouliez, Aladenise, briser votre épée quand vous avez vu que le succès ne répondait pas à vos espérances ; c'était avant l'attentat qu'il fallait la briser et déposer en même temps vos épaulettes. L'armée du moins n'aurait point eu à regretter qu'il se soit rencontré dans ses rangs un officier capable de trahir aussi déloyalement ses devoirs. Nous ne redoutons pas, Messieurs, que cet exemple unique devienne contagieux. Il importe toutefois qu'il soit énergiquement réprimé : les nécessités de la discipline militaire, et les intérêts si chers au pays d'un gouvernement national et d'une constitution libre, nous imposent l'obligation de provoquer contre Aladenise toutes les sévérités de votre justice.

» Auprès d'Aladenise se placent naturellement Forestier et Bataille. Depuis longtemps le premier était un des agents les plus actifs de Louis-Bonaparte ; c'est Forestier qui a distribué les brochures, embauché les hommes, acheté les uniformes ; c'est lui qui, la veille de l'attentat, vint de Londres apporter à Bataille, rédacteur habituel du *Capitole*, l'ordre que celui-ci fit parvenir au lieutenant Aladenise. Tous trois, le jour même, à deux heures du matin, allèrent au devant de l'expédition qu'ils secondèrent ensuite de leurs efforts.

» Nous n'avons pas besoin, Messieurs, de rappeler les faits qui concernent l'accusé Parquin, sa participation aux embauchages et sa présence dans les principales scènes de l'attentat ; de le montrer à Wimereux forçant les douaniers à suivre le prince, et, à la place d'Alton, cherchant à intimider par ses menaces le sergent Morange. Parquin, commensal habituel de Louis-Bonaparte, se tenait à ses ordres ; il s'est peint devant vous en quelques mots quand il a dit qu'on ne *l'appelait pas au conseil, mais qu'il était un homme d'action.*

» Comme lui, relaps de Strasbourg, les accusés Fialin et Lombard devaient se retrouver à côté de lui sur la plage de Wimereux. Fialin est l'auteur d'une brochure publiée à Londres en 1837, et qui, plus tard, a été en partie reproduite en France par Laity. C'est Fialin qui a eu le triste courage de revendiquer, comme un honneur, les violences dont le capitaine Col-Puygellier et le sergent Maussion ont failli être victimes. Lombard portait le drapeau ; il en a frappé le courageux fonctionnaire qui, seul, voulait s'opposer à la marche des insurgés, et a plus tard arboré cet insigne de révolte au sommet de la Colonne.

» Si la présence du colonel Voisin, dans tous les actes qui ont précédé l'attentat, n'est pas prouvée par les débats, au moins est-il impossible d'admettre, comme il le prétend, qu'il n'a joué dans l'agression du 6 août qu'un rôle purement passif. C'est lui qui a rédigé à l'avance le plan d'attaque ; c'est lui qui a écrit les lettres qui devaient en assurer l'exécution. Le haut grade que lui assignait l'ordre du jour devait être la récompense de son dévoûment à l'insurrection. Vous partagerez, Messieurs, le chagrin que nous éprouvons à trouver parmi les rebelles un militaire qui avait dignement servi son pays.

» La vie aventureuse de l'accusé Bouffet est suffisamment prouvée par les titres mêmes dont il se pare. C'est un de ces hommes que Louis Bonaparte tenait toujours à sa disposition, et qui étaient prêts par avance à accepter toutes les missions qui leur seraient confiées. Nous n'avons pas besoin de rappeler la participation coupable de cet accusé à tous les faits de l'attentat.

» Mésonan ne pouvait pas reculer devant la réalisation d'un complot auquel il s'était associé depuis longtemps. La Cour n'a pas oublié les menées de cet accusé à Lille, et l'audace de ses propositions que le général Magnan vient de retracer devant elle. Ce fait suffirait pour caractériser sa complicité, si bien attestée d'ailleurs par sa participation directe à l'attentat de Boulogne.

» Galvani, de son propre aveu, s'est dévoué aux projets du prince dès qu'ils lui ont été révélés sur le paquebot, et il est prouvé qu'à la porte de la caserne il distribuait les proclamations de la révolte.

» Nous ne devons point séparer Orsi, banquier de Louis-Bonaparte; Conneau, son médecin; d'Almbert, son secrétaire; et Bure, son frère de lait. Ces quatre accusés ont pu expliquer, mais non excuser leur participation au complot, en alléguant le dévoûment aveugle qui les attachait à leur chef.

» Nous devons, en outre, faire observer que Conneau a imprimé lui-même à Londres les proclamations de Louis-Bonaparte, et qu'il a été chargé des préparatifs immédiats du départ.

» La présence du colonel Laborde, à côté des accusés Montholon et Voisin, fait assez comprendre quelle était l'importance de son rôle dans l'insurrection : il n'a reculé devant aucun de ses actes.

» Le dénuement où se trouvait le capitaine Desjardins, et enfin, Messieurs, les besoins de sa nombreuse famille, le livraient sans défense aux dangereuses provocations du commandant Parquin; elles lui attireront peut-être une indulgence que nous ne nous sentons pas le courage de lui disputer.

» Nous nous bornons, Messieurs, à ce résumé rapide des faits : nous n'insistons, il faut le répéter, ni sur les détails, ni sur les preuves, parce que la complicité dans l'attentat n'est pas niée et ne peut l'être par personne, parce qu'il ne nous paraît pas possible qu'une explication soit tentée pour faire disparaître, sous ce rapport, la culpabilité.

» Que si nous demandons maintenant comment ces hommes et leurs chefs ont pu être amenés à courir les chances d'une entreprise qui partout a été accueillie avec un sentiment de surprise, presque d'incrédulité ; que tout le monde aurait condamnée d'avance, non-seulement comme criminelle, mais comme insensée ; dont il n'est personne enfin qui n'eût prévu l'inévitable dénoûment, les écrits publiés pour faire l'apologie de l'attentat de Strasbourg et pour préparer l'attentat de Boulogne, suffisent pour faire comprendre et les illusions dont ils se berçaient, et l'aveuglement dont ils étaient frappés. Déjà, Messieurs, vous vous le rappelez, nous avons dû apprécier devant cette cour les prétentions et les ressources, les vanités et les erreurs de ce qu'on appelait alors, de ce que l'on nomme encore aujourd'hui le parti napoléonien.

» Lorsqu'on a pu, dans une brochure répandue avec profusion, se poser, en revendiquant une sorte de légitimité impériale, comme le tuteur nécessaire des intérêts et de la gloire de la patrie ; se vanter d'avoir rallié tous les partis dans les mêmes sentiments et les mêmes vœux ; se présenter enfin comme soutenu par toutes les sympathies du peuple et de l'armée, on a donné la mesure de ce que pouvaient imaginer les fantaisies de l'ambition, de ce que pourraient oser les témérités de l'inexpérience. On s'était montré cependant sur le sol français. Un colonel cette fois avait livré son régiment qu'un instant il avait pu abuser, en séparant, pour conserver son influence tout entière, les soldats de leurs officiers. Quelle avait été l'issue ? Combien de temps avait-il fallu pour que celui qui rêvait un trône se réveillât dans une prison, dont une clémence aussi libre qu'elle était généreuse lui a seule ouvert les portes ? Comment se fait il qu'il n'ait point été alors désabusé ? Vaincu sans combat, pardonné sans conditions, ne devait-il pas comprendre qu'on ne redoutait ses entreprises ni comme un péril ni comme une menace ? Si la reconnaissance ne l'enchaînait pas, ne devait-il pas voir du moins que la prudence la plus commune lui faisait une loi de se renfermer désormais dans l'obscurité de la vie privée, et d'y échapper, par l'oubli, à la réprobation? Il n'en est pas ainsi, Messieurs, on cherche le bruit et l'éclat; on s'efforce de glorifier l'échauffourée de Strasbourg, de conquérir en quelque sorte dans l'opinion une situation politique qu'elle s'obstine à refuser; on fonde à grands frais un journal, on répand de nouveaux écrits, et en même temps qu'on emprunte à la presse sa puissance, on renoue dans l'ombre des trames criminelles.

» Ce n'est pas sans indignation, Messieurs, que vous avez vu celui qui ose se présenter, dans une de ses proclamations, comme ramenant sur la terre de la patrie la gloire et l'honneur, exilés avec lui, descendre jusqu'à marchander à prix d'argent la fidélité d'un officier-général. Mais où viennent donc aboutir toutes ces menées secrètes, tous ces efforts, toutes ces publications séditieuses ? A la tentative de Boulogne, Messieurs, c'est-à-dire à quelque chose de plus misérable encore que la tentative de Strasbourg.

» On se plaint aujourd'hui de défections, on parle de ressources cachées, de liaisons étendues et puissantes qui devaient promettre le succès. Mais à qui pense-t-on que ce langage puisse faire illusion ? Est-ce au pays qui sait bien qu'il n'appartient à personne de disposer sans lui de lui-même, et qui a manifesté si énergiquement le jugement qu'il portait sur la conjuration et sur les conjurés ? Est-ce à vos complices eux-mêmes qui, de tous ces moyens rassemblés par l'influence, appréciés par la sagesse de leurs chefs, n'ont vu rien apparaître au moment décisif, rien qu'un lieutenant parti furtivement de sa garnison pour vous introduire dans une caserne, dont, sans lui peut-être, vous n'auriez pas franchi le seuil ?

» Parlerons-nous de proclamations menteuses, tristes parodies d'une langue inimitable, où se lisent à chaque ligne l'ignorance de la situation du pays et l'oubli de la dignité nationale; où celui qui reproche à nos constitutions de ne pas protéger la liberté, institue des commissions militaires pour juger ceux qui se permettraient de rester fidèles à leur devoir ; où celui qui a fait pratiquer l'embauchage et distribuer l'argent pour acheter la trahison, accuse notre gouvernement de corruption; où un neveu de Napoléon annonce à la France « qu'il a des amis à l'extérieur qui lui ont promis de le soutenir, comme si la France ne savait pas que l'étranger qui conspirerait contre son gouvernement, conspirerait en même temps contre elle; où ce jeune homme, connu seulement par ses deux équipées de Strasbourg et de Boulogne, ose promettre de ne s'arrêter qu'après avoir repris l'épée d'Austerlitz!... L'épée d'Austerlitz! elle est trop lourde pour vos mains débiles! Cette épée, c'est l'épée de la France; malheur à qui tenterait de la lui enlever !

» Cependant, Messieurs, le dictateur improvisé qui vient de débarquer à Boulogne au milieu de sa domesticité travestie, a déjà supprimé d'un trait de plume le gouvernement national de 1830; un arrêt laconique comme ceux du destin, mais heureusement moins irrésistible, prononce la déchéance de notre royale dynastie et la dissolution des deux chambres. Et il faut que tout cela, Messieurs, que toutes ces œuvres qu'on serait tenté d'attribuer à une imagination en délire, soient signées du grand nom de Napoléon ! Il faut que tout cela figure dans la mise en scène d'une conspiration qui doit avorter devant les premiers soldats qu'elle tentera de séduire. Cette armée en ordre de bataille, cet état-major organisé, ce cortége presque triomphal, ces arrêtés, ces décrets qui ont déjà disposé des fruits de la victoire, tout cela vient aboutir à une impuissante manifestation, à une fuite, à une seconde prison. On devait alors demander à la justice des lois, une garantie décisive contre les agressions réitérées d'une ambition si aveugle et si obstinée. Il devenait nécessaire de rendre à jamais impossibles ces entreprises à main armée, que ne pouvait tolérer la nation, quand elles n'auraient été que des insultes, et qui pouvaient si facilement amener des collisions sanglantes.

» La force du gouvernement de juillet est dans la loi ; c'est par elle seule qu'il protége tous les intérêts du pays; c'est par elle seule qu'il se défend contre les trames cachées ou les violences ouvertes des partis. La justice toujours calme et modérée, mais toujours ferme et puissante, est le seul appui qu'il invoque et sur lequel il lui convienne de se reposer. Certes, Messieurs, nous déplorons les premiers ce crime renouvelé qui a placé notre gouvernement libéral et généreux dans la douloureuse nécessité de ce procès ! Nous comprenons tout ce qu'il est dû de respect aux grands noms, aux grandes infortunes. Dieu nous préserve, nous ne dirons pas seulement de toute action, mais de toute pensée contraire à ce sentiment élevé ! car nous nous sommes dit aussi avec douleur, en nous rappelant une énergique parole, que ce qui manquait trop souvent à ce pays, c'était le respect !

» Oui, sans doute, un tel procès est une chose triste et regrettable; mais à qui faut-il l'imputer, de ceux qui attaquent par la force, ou de ceux qui se défendent par la loi ? Ce qui ébranle surtout ce respect salutaire dont nous parlons, c'est quand l'atteinte qui lui est portée vient de ceux-là même qui devraient l'inspirer ! Pour nous, Messieurs, plus est vive l'admiration que nous avons vouée dans notre cœur à l'empereur Napoléon, au grand homme qui a rétabli l'ordre en France, et qui a porté si loin la gloire de nos armes, plus nous avons besoin de nous rappeler notre caractère de magistrat pour maintenir l'impartialité de notre jugement en présence de cette ambition puérile qui deux fois a compromis ce grand nom dans les plus misérables échauffourées. C'est véritablement là, Messieurs, ce qui est douloureux, pour les âmes élevées, pour ceux qui ont le culte des grandes choses et le culte des nobles souvenirs, c'est qu'un neveu de l'empereur, c'est qu'un Bonaparte soit devenu le triste héros des complots avortés de Strasbourg et de Boulogne ! Voilà ce qu'on ne saurait trop déplorer, voilà ce qui, au regard de l'opinion publique, sinon aux yeux de la justice, aggrave le crime que nous poursuivons.

» Ainsi, à ceux qui nous demanderaient de respecter le nom qu'ils portent, nous serions en droit de répondre qu'avant tout ils doivent le respecter eux-mêmes : le nom de l'empereur, sachez le bien, appartient plus à la France qu'il ne vous appartient à vous, et elle peut et doit vous demander compte et de l'acte qui constitue votre crime, et du procès même que vous faites subir à l'un des noms dont elle s'honore le plus; elle en demandera aussi compte à vos complices, et puisqu'il est parmi eux des hommes que le dévoûment de soldat pour le grand capitaine a jetés dans les entreprises de son neveu, elle leur dira d'interroger leurs souvenirs, de comparer ce qu'ils faisaient autrefois et ce qu'ils viennent de faire, la gloire qu'ils partageaient alors et leurs humiliations d'aujourd'hui. N'ont-il pas déjà senti dans leur conscience, n'ont-ils pas avoué par leur confusion qu'ils ont compromis l'honneur de leurs vieilles épaulettes, et qu'ils ne pourraient trouver nulle part un juge plus indigné et plus sévère que Napoléon lui-même, si le bruit de ces tentatives sans portée, de ces témérités sans grandeur, de ces défaites sans combat, pouvaient monter jusqu'à lui.

» En résumé, Messieurs, un mot suffit pour expliquer les illusions et les mécomptes, l'audace et les revers de ces quelques hommes qui, groupés autour de Louis Bonaparte, composent le parti napoléonien.

» Ils se sont imaginé que les grandeurs de l'empire et la gloire de l'empereur étaient comme un patrimoine pour la famille de Napoléon; et le culte de la nation pour ces immortels souvenirs se transforme à leurs regards en un vœu populaire qui appelle cette famille à régner. Vingt-cinq années cependant se sont accomplies depuis que le trône élevé par la puissance d'un homme de génie s'est écroulé dans les débris de sa fortune; et ces vingt-cinq années ont été marquées par les efforts et par les progrès d'un grand homme qui marchait vers la liberté avec le calme de la force et la sagesse de l'expérience. Récemment éprouvé par les malheurs de l'anarchie, et par ceux que peut entraîner à sa suite l'esprit de conquête et de domination, il voulait des garanties pour ses droits; il voulait imposer à tous le respect de l'indépendance et de la dignité nationale; mais il savait les écueils, et n'ignorait pas à quel point les garanties de l'ordre pouvaient être compromises par le zèle de la liberté; et les conditions de la liberté par le tumulte des armes et les enivrements du triomphe. Au dedans, la liberté sous l'égide des lois respectées et puissantes; au dehors, une attitude ferme et digne, qui ne menaçât, qui ne redoutât personne, c'est là ce qui était dans ses vœux, tel était le but vers lequel il s'avançait avec persévérance; il se montrait patient du présent sous l'empire d'une charte qui lui garantissait l'avenir.

» Le jour où cette charte fut brisée par la main du pouvoir, le peuple rentra dans ses droits; il les soutint et les fit triompher par les armes : le monde sait l'usage qu'il fit de la victoire, et comment, en présence de la nation tout entière debout et armée, un contrat solennellement accepté et juré est devenu la base inébranlable d'une dynastie nouvelle.

» Dans ce moment où toutes les voix étaient libres, une seule voix s'est-elle élevée à l'appui des prétentions que l'on essaie de raviver aujourd'hui? Le grand nom du héros a-t-il valu un suffrage à son fils ?

» Et c'est, Messieurs, dix ans après cette grande révolution, l'un des évènements les plus mémorables et les plus féconds de notre histoire, que, sans être découragé par le déplorable dénoûment de deux tentatives insensées, Louis Bonaparte vient proclamer jusque devant vous, nous ne savons quel droit d'anéantir nos institutions par ses décrets, et de convoquer un congrès national pour organiser de nouveau le gouvernement du pays! Ce n'est plus aujourd'hui la légitimité impériale qu'il revendique ; ce n'est pas une restauration qu'il veut faire ; c'est une dictature dont il se saisit de son chef par devoir envers la patrie, et pour la conduire, sous ses auspices, à de meilleures destinées.

» Mais, en vérité, qui donc êtes-vous pour afficher de si extravagantes prétentions? Qui donc êtes-vous pour vous ériger en représentant de la souveraineté du peuple, sur cette terre où règne un prince que la nation a choisi, et auquel elle a remis elle-même le sceptre et l'épée? Qui donc êtes-vous pour vous donner en France comme un représentant de l'empire, époque de gloire et de génie, vous qui étalez tant de misères dans vos entreprises, qui donnez par vos actes tant de démentis au bon sens?

» L'empereur, apprenez-le, n'a pu léguer à personne **le sceptre tombé de sa main puissante avant que ses**

destins fussent accomplis ; sa gloire est l'héritage de la
France, et pour elle les véritables représentants de
l'empire, ce n'est pas vous, ce ne sont pas les amis obscurs dont les hommages vous entourent, et dont l'ambition intéressée exalte la vôtre ; c'est le génie de l'empereur qui est encore dans nos lois ; ce sont les hommes dépositaires de ses traditions, et qui, à la tête de
nos armées ou dans les conseils, sont l'honneur de la
patrie et l'appui de la royauté qu'elle a fondée de ses
mains.

» Nous avons été sévère envers vous, prince Louis ;
notre mission et votre crime nous en faisaient un devoir ; nous n'oublierons pas toutefois que vous êtes né
près d'un trône qui fut aussi national ; que vous avez
été élevé dans l'une de ces cours de l'exil où l'on ne
peut interdire à l'espérance de consoler l'infortune, où
les regrets du passé s'adoucissent par les illusions de
l'avenir.

» Peut-être avez-vous eu le malheur de vivre jusqu'ici sous l'influence de quelques hommes trop associés à votre fortune, et qui prenaient pour des réalités
les rêves de leur dévoûment. Sachez enfin connaître
cette France qui fut votre patrie, et d'où vous a banni
une loi dont vous avez su trop bien justifier la prudence ; appréciez ces institutions éprouvées déjà, qu'elle
aime pour leurs bienfaits, et qu'elle défend comme sa
conquête. Deux fois coupable envers le pays, vous l'a-
vez mis dans la nécessité d'invoquer contre vous les
lois qui protégent son repos et sa sécurité. Traduit à la
barre de la plus haute de ses juridictions, ne dites pas
que vous êtes traîné vaincu devant les hommes du vainqueur. C'est une prétention devenue triviale parmi les
factieux, et qui n'a jamais relevé ni justifié personne.
Il ne suffit pas de nier la justice pour l'abolir, ni de braver, pour s'absoudre, la loi qui condamne.

» Puissiez-vous reconnaître, au contraire, que la

France a eu le droit de vous demander compte de son territoire violé, du sang français versé par votre main, et vous souvenir que le repentir atténue toutes les fautes et convient à toutes les conditions. » (Un profond silence accueille ce réquisitoire.)

LE PRÉSIDENT : La séance est suspendue pendant un quart d'heure.

L'audience est reprise à trois heures.

LE PRÉSIDENT : La parole est au défenseur du prince Louis-Napoléon. (Vif mouvement d'attention.)

Me BERRYER : « Tout à l'heure M. le procureur-général s'est écrié : Voilà un triste et déplorable procès ! Et moi aussi je n'ai pu assister à ce grave débat sans qu'il s'élevât de douloureuses réflexions dans mon cœur. Quel n'est pas le malheur d'un pays où, dans un si petit nombre d'années, tant de révolutions successives, violentes, renversant tour à tour des droits proclamés, établis, jurés, ont jeté une si profonde et si affligeante incertitude dans les esprits et dans les cœurs sur le sentiment et la consistance des devoirs! Eh quoi! dans une seule vie d'homme nous avons été soumis à la république, à l'empire, à la restauration, à la royauté du 7 août. Cette acceptation de gouvernements, si rapidement brisés les uns sur les autres, ne s'est-elle pas faite au grand détriment de l'énergie des consciences, de la dignité de l'homme, et je dirai même de la majesté des lois? (Vive sensation.)

» Pardonnez-moi cette réflexion qui me saisit chez un peuple où de tels évènements se sont succédé : serait-il donc vrai que les hommes qui ont le plus d'énergie, un sentiment plus élevé des devoirs, un respect plus profond pour la foi jurée, un sentiment plus religieux des engagements pris, une fidélité plus invincible aux obligations contractées, soient précisément les hommes les

plus exposés à être considérés comme des factieux et de mauvais citoyens, et que l'on compte au nombre des citoyens les plus purs et les plus vertueux ceux qui, dans ces révolutions diverses, se sentent assez de faiblesse dans l'esprit et dans le cœur pour ne pas avoir une foi et un principe? Et, pour la dignité de la justice, quelle atteinte, Messieurs, quand elle se trouve appelée à condamner comme un crime ce que naguère il lui était enjoint d'imposer comme une loi, de protéger comme un devoir!

» Dans une telle situation sociale, les hommes d'état et les moralistes se peuvent affliger, ils se doivent alarmer; mais les hommes de justice, juges et avocats, quand ils se trouvent jetés dans l'un de ces procès politiques, de ces accusations criminelles, où la vie des hommes est en jeu, se doivent armer de vérité et de courage, protester énergiquement, et avant d'accorder à la société ou au pouvoir les satisfactions, les vengeances qu'ils demandent, ils doivent se rappeler la part qu'ils ont eue dans les actions, les résolutions dont ils viennent requérir le châtiment. (Vive adhésion.)

» Le devoir qui m'est imposé aujourd'hui, je l'ai rempli loyalement au début de ma carrière. En 1815, des ministres méconnaissant la véritable force de la royauté légitime, infidèles à son caractère auguste, poursuivirent devant les tribunaux les hommes débarqués en France avec Napoléon et échappés au désastre de Waterloo. J'avais adopté les principes politiques que j'ai gardés et défendus toute ma vie. J'étais ardent et sincère dans les convictions que le spectacle offert à mes yeux fortifie de jour en jour. Royaliste, j'ai défendu les hommes restés fidèles à l'empereur. Pour sauver leur vie, j'ai fait la part des évènements, des lois, des actes, des fautes même du gouvernement, et les juges du roi ont acquitté Cambrone. Aujourd'hui l'accusé qui a fait à mon indépendance et à ma bonne foi l'honneur de me venir

chercher pour sa défense, dans un parti si différent du
sien, ne me verra pas faillir à sa confiance. Aussi, quoique les questions que soulève ce procès touchent profondément aux points fondamentaux de nos luttes politiques, veuillez croire, Messieurs, que je ne les aborde-
rai que sous le point de vue du seul pouvoir que vous
soyez appelés à exercer ici, sous le point de vue judiciaire.

» Le 6 août dernier, le prince Louis-Bonaparte est
parti de Londres sans communiquer ses projets, ses résolutions. Accompagné de quelques hommes sur le dévoûment desquels il devait compter, il s'est embarqué,
et à l'approche des côtes de France il les a fait armer ;
il est descendu en France ; il a jeté sur le territoire ses
proclamations et un décret proclamant que la maison
d'Orléans a cessé de régner, que les chambres sont dissoutes, qu'un congrès national sera convoqué, que le
président actuel du ministère sera chef du gouvernement provisoire. Tous ces faits sont avoués ; vous êtes
appelés à les juger ; mais, je vous le demande, dans la
position personnelle du prince Napoléon, après les évènements qui se sont accomplis en France et qui sont votre
propre ouvrage ; en présence des principes que vous
avez proclamés et dont vous avez fait les lois du pays, les
actes, l'entreprise du prince Napoléon, sa résolution,
présentent-ils un caractère de criminalité qu'il vous soit
possible de déclarer et de punir judiciairement ? S'agit-
il donc, en effet, d'appliquer à un sujet rebelle et con-
vaincu de rébellion des dispositions du code pénal ? Le
prince a fait autre chose : il a fait plus que de venir attaquer le territoire, que de se rendre coupable de la
violation du sol français : il est venu contester la souveraineté à la maison d'Orléans; il est venu en France réclamer pour sa propre famille les droits à la souveraineté ; il l'a fait au même titre et en vertu du même principe politique que celui sur lequel vous avez posé la

royauté d'aujourd'hui. Dans cet état, il ne s'agit pas pour vous de vous prononcer entre les deux principes dont la lutte a si profondément agité et déchiré notre pays depuis cinquante années. Il ne saurait être question, pour la défense du principe qui domine aujourd'hui tous les pouvoirs en France, d'appliquer les lois existantes contre un principe contraire ; c'est votre principe même qui est invoqué. Deux mots d'explication.

» Tant que les princes de la branche aînée de Bourbon ont été assis sur le trône, la souveraineté en France résidait dans la personne royale ; la transmission était réglée dans un ordre certain, invariable, connu de tous, maintenu au-dessus de toutes les prétentions rivales par des lois fondamentales contre lesquelles rien ne pouvait se faire qui ne fût nul de droit. Ainsi consacré par le temps, par les lois, par la religion, le droit souverain était à la fois le titre et la garantie de tous les droits des citoyens dans l'Etat ; c'était le patrimoine du passé promis en héritage à l'avenir. La légitimité, elle n'est point en cause dans ce débat ; mais en 1830 le peuple a proclamé sa souveraineté, il a déclaré qu'elle résidait dans les droits et dans la volonté de la majorité des citoyens ; vous l'avez consacrée en tête de la nouvelle loi fondamentale.

» On nous disait tout à l'heure : Depuis vingt-cinq ans la France poursuit sa carrière ; elle veut le règne des lois, la défense et le maintien de ses institutions. Messieurs, n'est-ce rien que ce qui s'est passé depuis 1830? ou ne veut-on plus le savoir? N'est-ce rien que de changer tout le système des droits publics d'un pays? N'est-ce rien que de renverser le principe des lois fondamentales et d'en substituer un autre ? N'est-ce rien que proclamer à la face d'un peuple intelligent et hardi des principes qui lui apportent l'exercice des droits de tous? n'est-ce rien, Messieurs? Qu'a dit le prince Napoléon

« La souveraineté nationale est déclarée en France, et
cette souveraineté de la nation, comment se peut-elle
transmettre ? Comment cette délégation peut-elle être
constatée , si ce n'est par une manifestation certaine ,
incontestable, de la volonté nationale ? » En votre présence il dit : « Cette manifestation incontestable est la
volonté des citoyens. Je ne la vois pas dans la résolution des deux cent dix-neuf députés et d'une partie de la
chambre des pairs en 1830.

» Le principe qui vous gouverne aujourd'hui, que
vous avez placé au-dessus de tous les pouvoirs de l'État,
c'est le principe de 91, c'est le principe qui régnait en
l'an 8, c'est le principe en vertu duquel j'ai fait appel à
la nation pour qu'elle se prononçât régulièrement. Par
les votes constatés sur l'adoption des constitutions de
l'empire, quatre millions de votes, en 1804, ont déclaré
que la France voulait l'hérédité dans la descendance de
Napoléon ou dans la descendance de son frère Joseph,
ou, à défaut, dans la descendance de son frère Louis.
Voilà mon titre.

Le sénat, en 1814, a aboli cette hérédité ; mais que
s'est-il passé en 1815 ? Qu'a fait la chambre des représentants ? Qu'a-t-on fait au Champ-de-Mai ? Combien de
votes recueillis sur l'acceptation de l'acte additionnel
tendaient à renouveler encore la manifestation de la volonté du pays ! Et depuis, Messieurs, soyez de bonne
foi, quand un système contraire, quand une souveraineté autrement basée a régné pendant quinze ans sur le
pays, parmi ceux qui vont siéger, combien y en a-t-il
qui, pendant ces quinze années, ont travaillé et se sont
efforcés de rétablir le principe que le retour de la maison de Bourbon avait effacé de nos lois ! Combien qui
sont descendus jusque dans les engagements et la fièvre
des partis, dans les ardeurs individuelles les plus pas-
sionnées, pour rétablir ce dogme de la souveraineté du
peuple, pour remettre en vigueur cette protestation de

la chambre des représentants, dont, je n'hésite pas à le dire, j'ai entendu souvent beaucoup de ceux qui m'écoutent réclamer la consécration comme le testament en quelque sorte de la nation française, comme l'acte auquel il fallait rendre la vie.

» Vous l'avez fait en 1830; et pour un moment, Messieurs, détournons la pensée du caractère des circonstances et des préparatifs de l'entreprise, nous verrons plus tard à quel moment et dans quels sentiments le prince Napoléon s'est élancé témérairement des côtes d'Angleterre sur les côtes de France. Ne pensons ici qu'au droit de juger, qu'au droit de régler par un arrêt des contestations de la nature de celle qui est portée devant vous ; qu'à la possibilité, qu'en présence de vos principes de droit national, au nom du pouvoir établi, vous jugiez le débat entre ce pouvoir et celui qui se prétend un droit qui, après tout, n'est pas un rêve. (Sensation.)

» Est ce donc un fantôme, Messieurs, est-ce donc une illusion que l'établissement de la dynastie impériale? Ce qu'elle a fait retentit assez dans le monde et parle assez haut, non-seulement en France, mais chez tous les peuples de l'Europe. Non, ce ne fut pas un rêve que l'établissement de l'empire.

» L'empereur est mort, et tout a fini avec lui. Qu'est-ce à dire? Cette dynastie fondée, établie, jurée au nom de la souveraineté nationale, est-ce à dire qu'elle ne promette de durée au pays que celle de la vie d'un homme ? C'est ainsi qu'il vous faut attaquer les garanties mêmes du pouvoir que vous venez défendre pour repousser celui qui avait été fondé par la consécration de la volonté nationale, consécration unanime, plus éclatante que celle de 1830, par la nation appelée tout entière à émettre son vote.

» Au moment où a succombé le dogme politique sur lequel l'empire était fondé, qu'avez-vous fait ? Vous

avez relevé ce dogme, vous avez restitué cette souveraineté populaire qui fait l'hérédité de la famille impériale. L'héritier est devant vous, et vous allez le juger ;
dans un pays où tous les pouvoirs de l'état sont sous le
principe de la souveraineté nationale, vous allez le
juger sans interroger le pays ? Ce n'est pas une de ces
questions qu'on vide par un arrêt. Un arrêt, des condamnations, la mort, les têtes qui tomberaient !.. Mais
vous n'aurez rien fait. Tant qu'un reste de sang se
transmettra dans cette famille, la prétention d'hérédité,
appuyée sur le principe politique de la France, se transmettra également. Vous aurez des supplices affreux,
injustes, vous serez usurpateurs dans l'exercice de la
qualité de juges, et tout cela aura été complètement
inutile.

» Voyons, Messieurs, le véritable état de la question.
Est-ce ici la matière d'un jugement ? N'est-ce pas là une
de ces situations uniques dans le monde, où il ne peut y
avoir de jugement, mais un acte politique ? Il faut défendre les pouvoirs, il faut maintenir l'ordre public, il
faut préserver l'État de commotions nouvelles, de désordres nouveaux, je le connais; c'est gouverner. Mais
juger dans des questions de cet ordre, prononcer un
arrêt, c'est impossible ! On aura beau dire, ce ne sont
pas là des phrases qui viennent au secours de tous les
factieux. Non, Messieurs, dans le débat actuel le droit
d'hérédité a été établi, consacré par vous, dans un principe que vous avez posé. Ce droit d'hérédité est réclamé
par un héritier incontestable, vous ne pouvez pas le
juger. Il y a entre vous et lui une cause victorieuse et
une cause vaincue; il y a le possesseur de la couronne
et la famille dépossédée. Mais encore une fois, je le ré-
péterai toujours, il n'y a pas de juges, parce qu'il n'y a
pas de justiciables. (Vive agitation sur les bancs de la
pairie.)

» Juger, Messieurs ! mais il faudrait nier l'unité de

la justice, sa majesté. Au milieu des révolutions, qui ont
tant fatigué notre pays, laissons quelque chose d'inaltéré
qui conserve sa sainteté dans la pensée des peuples. Le
véritable caractère de la justice, Messieurs, c'est l'impartialité. Vous venez ici pour juger. Mais y a-t-il un de
vous qui se soit dit, entrant dans cette enceinte : Je serai
impartial, je pèserai les droits de chacun, je mettrai
dans la balance la royauté de juillet et la souveraineté
transmise par la constitution de l'empire; je serai impartial. Mais vous n'avez pas le droit de l'être ; vous
êtes aujourd'hui un pouvoir du gouvernement, une révolution ne peut s'opérer qu'en vous brisant. Par ce fait
la chambre des Pairs et la chambre des Députés sont
dissoutes. (Agitation.)

» Vous venez défendre le gouvernement dans la latitude de vos pouvoirs. Si vous ne pouvez être impartiaux
sous l'empire d'un droit politique consacré, que voulez-
vous être juges? Que restera-t-il de l'unité sainte de la
justice, si vous couvrez les besoins du gouvernement du
manteau de la justice ? Songez-y, quand tant de choses
saintes et précieuses ont péri, laissez au moins la justice
au peuple, afin qu'il ne confonde pas un arrêt avec un
acte de gouvernement.

» Vous venez juger, et pourquoi ? pour protéger le
gouvernement, pour le défendre, pour venger un af-
front, une attaque qui le menace, qu'il a reçue. Des
actes récents qui se sont exercés sur le premier des accusés, sur le prince lui-même, ne manifestent-ils pas
quelle inconséquence il y a de la part du gouvernement
à vous appeler aujourd'hui à juger ? On a parlé de reconnaissance, j'y répondrai; mais en attendant je vous
dis : en 1836, on a appliqué au prince Napoléon les
maximes professées par nos ministres: « En pareille
matière il n'y a que de la politique et pas de jugement.»
Et dans un autre instant un ministre disait encore:
« Les formes judiciaires ne sont qu'une comédie solen-

nelle. » N'y a-t-il aujourd'hui une flagrante inconséquence à venir poser des principes contraires ?

» Vous parlez de reconnaissance! N'a-t-il pas été
interdit au prince de mettre le pied sur le territoire
français ? N'y a-t-il pas une loi qui le défend ? Et pourquoi cela ? Parce qu'il est en dehors du droit commun,
parce qu'il ne peut être traité comme les autres. En
1830, à deux reprises différentes, j'ai demandé que cette
loi fût abolie pour rendre hommage à ce grand dogme
politique de la souveraineté nationale; vous avez fait une
loi tout opposée à ce principe pour mettre le prince
hors du droit commun; et ailleurs encore n'était-il pas
mis hors de ce droit quand vous exigiez d'un état voisin
qu'il chassât le prince, alors auprès de sa mère mourante ? (Vive sensation.)

» Vous diriez donc : Oui, nous n'avons pas de droits,
point de patrie, point de liberté pour lui; mais nous
avons des lois pour qu'il reçoive la mort. Voilà ce qui
révolte la raison, le bon sens, la logique, la justice, en
un mot, toutes les idées de droit. Que si les principes que
vous avez consacrés, que si les actes les plus solennels
de votre gouvernement mettent en dehors de la juridiction de la chambre des Pairs le prince Louis-Napoléon;
que si vous voulez être juges, au moins jugez humaine-
ment les choses humaines. Rendons-nous compte des
circonstances au milieu desquelles a éclaté l'entreprise
de Boulogne. Je ne fais ici ni de la politique, ni de
l'hostilité, je prends des faits incontestés.

» Le pouvoir en France est aujourd'hui confié à un ministère dont l'origine est récente. Ce ministère a lutté
avant de se constituer, pendant plusieurs années, dans une
ardente et vive polémique.

» Il a gémi profondément sur la politique qui avait été
suivie au nom du gouvernement de la France à l'égard
de l'étranger; il a vu de la timidité, je ne veux pas me
servir d'un autre mot, dans toutes nos relations avec les

états de l'Europe ; il a gémi de ce délaissement de la Belgique jusque dans la question du Luxembourg ; il a gémi, avec le ministère qui gouverne aujourd'hui, de l'abandon d'Ancône sans condition ; il a accusé l'exigence funeste qui nous avait aliéné la Suisse, et le sentiment d'attachement qu'elle avait depuis tant de siècles pour la France ; il a récusé cette politique désolante qui, renfermant toute la pensée de la France dans les intérêts matériels, dans les calculs des besoins privés, frémissait à l'idée de guerre, et laissait effacer la grande influence de la France sur les Espagnes devant l'influence ennemie de l'Angleterre. (Très bien.)

» Qu'est-il arrivé ? A peine ce ministère a-t-il touché le pouvoir qu'il a senti l'état politique de l'Europe, qu'il a vu se préparer et s'ourdir des plans injurieux pour sa dignité, menaçants peut-être pour ses intérêts ; qu'il a vu se préparer quelque chose comme la réunion de presque tous les états de l'Europe contre la France isolée et rejetée du congrès et des transactions des rois. Il s'est alarmé d'une pareille situation. Il a senti qu'il fallait affranchir cette France dévouée à l'égoïsme, à l'individualisme, du joug matériel qui éloignait toute pensée de sacrifices ; qu'il fallait d'autres sentiments dans cette fière et glorieuse patrie. Il a voulu réveiller des souvenirs, et est allé invoquer la mémoire de celui qui avait promené la grande épée de la France depuis l'extrémité du Portugal jusqu'à l'extrémité de la Baltique. Il a voulu qu'elle fût montrée à la France cette grande épée qui avait presque courbé les Pyramides, et qui avait presque entièrement séparé l'Angleterre du continent européen. Toutes les sympathies impériales, tous les sentiments bonapartistes ont été profondément remués pour réveiller en France cet esprit guerrier. La tombe du héros, on est allé l'ouvrir, on est allé remuer ses cendres pour les transporter dans Paris, et déposer glorieusement ses armes sur son cercueil.

» Vous allez juger, Messieurs; est-ce que vous ne comprenez pas ce que de telles manifestations ont dû produire sur le jeune prince? Est-ce dans cette enceinte, où je vois tant d'hommes décorés de titres qu'ils n'ont pas reçus avec la vie, qu'il me sera interdit de dire ce que cette grande provocation au souvenir de l'empereur a dû remuer dans le cœur de l'héritier d'un nom héroïque?

» Soyons hommes, Messieurs; et comme hommes, jugeons les actions humaines. Faisons la part de toutes choses. Jusqu'où a-t-on été? Sous un prince qui, dans d'autres temps, avait demandé à porter les armes contre les armées impériales et à combattre celui qu'il appelait l'usurpateur corse, on a senti un tel besoin de réveiller l'orgueil de ce nom en France et les sentiments qui sont liés au souvenir de l'empire, que le ministère a dit: «Il fut le légitime souverain de notre pays.» (Mouvement d'assentiment.)

» C'est alors que le jeune prince a vu se réaliser ce qui n'était encore que dans les pressentiments des hommes qui gouvernent. Il a vu signer le traité de Londres; il s'est trouvé au milieu des hommes qui ourdissaient ce plan combiné contre la France, et vous ne voulez pas que ce jeune homme, téméraire, aveugle, présomptueux tant que vous voudrez, mais avec un cœur dans lequel il y a du sang, et à qui une haine a été transmise, sans consulter ses ressources, se soit dit: «Ce nom qu'on fait retentir, c'est à moi qu'il appartient! c'est à moi de le porter vivant sur les frontières! Il réveillera la foi dans la victoire.» Ces armes, qui les déposera sur son tombeau? Pouvez-vous disputer à l'héritier du soldat ses armes? Non, et voilà pourquoi, sans préméditation, sans calcul, sans combinaison, mais jeune, ardent, sentant son nom, sa destinée, sa gloire, il s'est dit: « J'irai et je poserai les armes sur sa tombe, et je dirai à la France : Me voici.... voulez-vous de moi ? (Vive sensation.)

» Soyons courageux ! disons tout avant de juger. S'il y a eu un crime, c'est vous qui l'avez provoqué par les principes que vous avez posés, par les actes solennels du gouvernement; c'est vous qui l'avez inspiré par les sentiments dont vous avez animé les Français, et, entre tout ce qui est Français, l'héritier de Napoléon lui-même.

» Vous voulez le juger, et pour déterminer vos résolutions, pour que plus aisément vous puissiez vous constituer juges, on vous parle de projets insensés, de folle présomption.... Eh! Messieurs, le succès serait-il donc devenu la base des lois morales, la base du droit? Quelle que soit la faiblesse de l'illusion, la témérité de l'entreprise, ce n'est pas le nombre des armes et des soldats qu'il faut compter, c'est le droit, ce sont les principes au nom desquels on a agi. Ce droit, ces principes, vous ne pouvez pas en être juges. (Vive adhésion.)

» Et ici je ne crois pas que le droit au nom duquel était tenté le projet puisse tomber devant le dédain des paroles de M. le procureur-général. Vous faites allusion à la faiblesse des moyens, à la pauvreté de l'entreprise, au ridicule de l'espérance du succès; ou bien, si le succès fait tout, vous qui êtes des hommes, qui êtes même des premiers de l'État, qui êtes les membres d'un grand corps politique, je vous dirai : Il y a un arbitre inévitable, éternel, entre tout juge et tout accusé; avant de juger, devant cet arbitre et à la face du pays qui entendra vos arrêts, dites-vous, sans avoir égard à la faiblesse des moyens, le droit, les lois, la constitution devant les yeux : « La main sur la conscience, devant Dieu et devant mon pays, s'il eût réussi, s'il eût triomphé, ce droit, je l'aurais nié, j'aurais refusé toute participation à ce pouvoir, je l'aurais méconnu, je l'aurais repoussé. » Moi, j'accepte cet arbitrage suprême, et quiconque devant Dieu, devant le pays, me dira : « S'il eût réussi, je l'aurais nié, ce droit !» celui-là je l'accepte pour juge. (Mouvement dans l'auditoire.)

» Parlerai-je de la peine que vous pourriez prononcer ? Il n'y en a qu'une. Si vous vous constituez tribunal, si vous appliquez le Code pénal : c'est la mort ! Eh bien ! malgré vous, en vous disant et en vous constituant juges, vous voudrez faire un acte politique, vous ne voudrez pas froisser, blesser dans le pays toutes les passions, toutes les sympathies, tous les sentiments que vous vous efforcez d'exalter ; vous ne voudrez pas le même jour attacher le même nom, celui de Napoléon, sur un tombeau de gloire et sur un échafaud. Non, vous ne prononcerez pas la mort !

» Vous ferez donc un acte politique, vous entrerez dans les considérations politiques, vous mettrez la loi de côté. Ce n'est plus ici une question d'indulgence, c'est la raison politique qui déterminera le corps politique....... Pourrez-vous prononcer, selon vos lois, la détention perpétuelle, une peine infamante !.. Messieurs, j'abandonne tout ce que j'ai dit ; je laisse de côté l'autorité du principe politique ; je ne parle plus de l'impossibilité de prononcer sans que le peuple soit convoqué et ait prononcé entre le droit constitué par vous, et le droit consacré par les constitutions de l'empire et renouvelé dans les cent jours ; je laisse de côté les considérations prises de ce qu'a fait votre gouvernement, je ne parle plus des sentiments si naturels, si vrais qui repoussent la condamnation, et je me borne à dire que vous ne jetterez pas une peine infamante sur ce nom. Cela n'est pas possible à la face du pays ; cela n'est pas possible en ces jours et en ces temps.

» Une peine infamante sur le nom de Napoléon, serait-ce là le premier gage de paix que vous auriez à offrir à l'Europe ? (Vive sensation.)

» Sortez des considérations générales du devoir et du législateur, et redevenez hommes, et croyez que la France attache encore un prix immense, un bonheur immense, aux sentiments naturels à l'homme.

7

» On veut vous faire juges, on veut vous faire prononcer une peine contre le neveu de l'empereur ; mais qui êtes-vous donc ? Comtes, barons, vous qui fûtes ministres, généraux, sénateurs, maréchaux, à qui devez-vous vos titres, vos grandeurs ?

» A votre capacité reconnue, sans doute ; mais ce n'est pas moins aux munificences mêmes de l'empire que vous devez de siéger aujourd'hui et d'être juges... Croyez-moi, il y a quelque chose de grave dans les considérations que je fais valoir... Une condamnation à une peine infamante n'est pas possible : en présence des bienfaits de l'empire ce serait une immoralité.

» En présence des engagements qui nous sont imposés par les souvenirs de votre vie, des causes que vous avez servies, des services que vous avez reçus, je dis qu'une condamnation aurait quelque chose d'immoral, et j'ajoute qu'il y faut penser sérieusement, qu'il y a une logique inévitable et terrible dans l'intelligence et les instincts du peuple, et que le jour où l'on brise la loi morale, on risque de voir le peuple violer à son tour toutes les lois. »

Il serait impossible de rendre l'effet produit par ce discours. L'éloquence même du grand orateur paraît faire moins d'impression que la puissance de sa logique, et la valeur incontestable des motifs qu'il a fait valoir. (Les pairs semblent frappés des hautes considérations que l'orateur vient de soumettre au jugement de la France.)

M. LE PROCUREUR-GÉNÉRAL : « Nous le savons, messieurs les pairs, il est dans les nécessités d'un certain parti politique de s'attaquer, avec autant d'obstination que d'impuissance, au principe de cette révolution, et toutes les habiletés oratoires du langage que vous avez entendu se sont appliquées à faire comprendre, sans l'exprimer, cette pensée que notre gouvernement, issu d'une insurrection, n'a pas en lui cette autorité légitime

qui imprime à ses ennemis le caractère de rebelles.
Nous avons trop le sentiment de nos devoirs, messieurs,
pour accepter une discussion sur ce terrain ; la révolution de juillet n'aura jamais besoin d'être défendue,
et le gouvernement qu'elle a fondé ne se laissera jamais
mettre en cause par qui que ce soit. Mais nous sommes
heureux et fiers, messieurs, quand l'occasion s'offre
à nous, de rappeler ces grandes circonstances, et d'en
montrer à tous le caractère.

» Ceux qui ont parlé d'une comédie de quinze années
ont calomnié le pays ; la France a pris au sérieux le
gouvernement de la restauration ; elle n'aimait pas son
origine ; elle redoutait ses tendances, mais elle avait accepté la charte de 1814 avec son véritable caractère, celui d'un contrat formé entre le passé et l'avenir. On avait
bien pu écrire dans cette charte le principe d'un droit
que le pays ne reconnaissait pas, et rayer d'un trait de
plume le consulat et l'empire, Bonaparte et Napoléon.
On avait pu se donner la satisfaction de dire qu'on l'oc-
troyait de sa pleine puissance et par un acte de bon
plaisir ; elle n'en restait pas moins aux yeux de la France, et dans la vérité, comme le pacte qui unissait la nation à la dynastie régnante, comme l'inévitable condition
de l'avènement de cette dynastie.

» C'est là, messieurs, qu'était la force du gouvernement de la restauration ; ses fautes et ses malheurs sont
venus de ce qu'elle n'a pas compris cette vérité : elle a
cru à la toute-puissance de ce qu'elle appelait son principe ; et quand, dans son égarement, elle a voulu demander à ce principe le droit de déchirer de ses mains
ce contrat qui seul la soutenait, et d'enlever au pays sa
constitution, deux jours ont suffi à sa chute ! Tant il est
vrai que le principe de souveraineté inhérent à la personne royale, et les anciennes lois fondamentales qui
avaient pu faire autrefois la stabilité de la monarchie,
n'étaient plus ni le titre, ni la garantie constitutionnelle ;
tant il est vrai que ce n'était pas en vertu de ses droits

anciens et d'une légitimité préexistante, mais bien plutôt malgré son obstination à les invoquer, que cette dynastie a gouverné quinze ans le pays.

» Eh bien ! cette force que la restauration a repoussée, le gouvernement de juillet la possède et saura la conserver. Mais il a de plus une origine nationale et pure, et des tendances libérales et généreuses. Il n'a pas eu le malheur d'arriver après une invasion étrangère, mais après le triomphe des lois sur la révolte du pouvoir ; il est le produit de la volonté nationale librement exprimée par les mandataires légaux du pays, en présence du pays lui-même tout entier. Voilà ce qui a fait la grandeur et la force de ce gouvernement ; c'est précisément parce que son origine repose sur la victoire de l'ordre et des lois, parce qu'il est ainsi la négation la plus formelle du principe de l'insurrection, qu'il possède à un plus haut degré qu'aucun autre cette puissance et cette autorité légitimes qui donnent le droit et la force de réprimer et de punir la rébellion par la justice.

» Nous le savons, messieurs, jamais le pouvoir judiciaire n'a encore réalisé plus explicitement qu'il est appelé à le faire dans ce procès, le grand et nouveau principe de l'égalité de tous devant la loi ; et dans cette circonstance, d'ailleurs si pénible, nous sommes fier par là de nous associer à son œuvre.

» Cependant, messieurs, le défenseur vous a contesté le droit de juger, et c'est en réalité une incompétence politique qu'il a soutenue devant vous.

» Vous ne pouvez juger, parce que Louis-Bonaparte n'a pas seulement commis un attentat, mais parce qu'il est venu contester la souveraineté à la maison d'Orléans.

» Vous ne pouvez juger, parce que Louis-Bonaparte est placé par une loi du pays en dehors du droit commun.

» Vous ne pouvez juger enfin, parce que l'impartialité est la première condition de la justice, et que, dans une telle cause, vous ne pouvez pas, vous ne devez pas être partiaux.

» Reprenons, messieurs, en peu de mots, et discutons rapidement chacune de ces propositions.

» Louis-Bonaparte est venu contester la souveraineté à la maison d'Orléans.

» Messieurs, l'accusé et son défenseur ont reculé devant la pensée d'une revendication de la légitimité impériale. Quelles que fussent les prétentions personnelles, les ambitions cachées, on a compris qu'après vingt-cinq années écoulées, après trois règnes, après une grande révolution qui, depuis dix ans, a fondé un trône national, on ne pouvait sérieusement invoquer un droit d'hérédité absolu qui donnât l'empire par lui-même, qui fît par lui-même à la nation un devoir d'obéissance ; on a bien voulu se borner à chercher dans ses anciens suffrages le droit de la consulter de nouveau. C'est comme un litige dont l'objet est le trône de France, et où le compétiteur, ses titres à la main, vient demander jugement.

» Messieurs les pairs, poursuit M. Franck-Carré, tous les faits sur lesquels repose l'accusation ont été acceptés par la défense, et la tâche du ministère public serait accomplie, si le premier orateur que vous avez entendu s'était, comme il l'avait annoncé lui-même, renfermé dans son rôle judiciaire ; mais ses préoccupations politiques l'ont enlevé à ce rôle malgré lui, et ses paroles nous ont fait sortir pour un instant de cette enceinte. Ce n'est pas seulement l'avocat, c'est aussi l'homme politique qui est devenu notre contradicteur. Dédaignant les faits de la cause, il n'a cherché ni à enlever au crime que vous êtes appelés à juger, le caractère de l'attentat, ni à le dépouiller des circonstances qui l'ont accompagné.

» On ne trouvait pas sans doute ce procès assez élevé ; on s'est efforcé de l'agrandir, et, comme s'il y avait nous ne savons quel intérêt à venir, derrière l'intérêt actuel engagé dans ce combat, on a réclamé devant vous, au nom d'un principe dont on exagérait à dessein les conséquences, le privilége d'une inviolabilité judiciaire en faveur de ces prétentions ambitieuses qui se traduisent en attentats.

» Pour nous, messieurs les pairs, nous n'acceptons pas la position qu'on nous veut faire. Mais nous suivrons la défense sur le terrain qu'elle a choisi; nous sommes prêts à entrer avec elle dans l'examen des questions qu'elle a soulevées, et nous démontrerons sans peine que la raison, la justice et la loi sont d'accord pour justifier cette accusation.

» Assurément, messieurs, notre adversaire a fait preuve de peu de bienveillance pour le gouvernement de juillet; il ne lui a pas cependant refusé le droit de se défendre, et ne l'a pas condamné à subir, sans les repousser, toutes les attaques de ses ennemis.

» Ne voulût-on voir en effet dans l'ensemble de nos institutions qu'un gouvernement de fait, ceux même qui croiraient avoir conservé le droit de l'attaque, lui reconnaîtraient encore le droit naturel de défense, qui, dans ce monde, appartient à tout ce qui a vie, à tout être collectif ou individuel.

» Le droit de défense d'un gouvernement, songez-y, c'est la raison politique ou la loi; c'est l'arbitraire ou la justice.

» Si vous ne voulez pas de la justice, si vous récusez la plus haute juridiction du pays, c'est donc l'arbitraire que vous réclamez. Vous voulez être traité sans doute par ce gouvernement libéral comme vous l'eussiez été il y a trente ans, il y a vingt ans peut-être.

» Eh bien! le gouvernement de juillet ne fait pas d'injonction aux citoyens de courir sus à ses ennemis; il ne les a pas condamnés d'avance sur une reconnaissance d'identité; il appelle la justice à décider; il les juge, il ne les proscrit point : cela est nouveau, nous en convenons, dans l'histoire des gouvernements, et c'est pour cela que nous sommes fondés à dire que ce gouvernement est le plus libéral qui fut jamais. »

Après avoir discuté ce point que ce sont les accusés qui ont voulu le procès, et que la pairie réunit toutes les conditions pour être juge, et juge impartial, M. l'avocat-général s'efforce de tracer l'historique des hauts faits de l'empereur, puis il termine ainsi :

« Mais reconnaître la légitimité du pouvoir qu'il exerça était-ce justifier les prétentions de ses héritiers? Croyez-vous, Messieurs, que la France de 1830 niât la légitimité de l'empire? Elle a montré pourtant ce qu'elle pensait des droits de sa dynastie. C'est que les temps avaient marché; c'est que les événements avaient prononcé. Ce n'était pas aux cris de vive l'Empereur! c'était aux cris de vive la Charte! que le peuple avait combattu dans les rues de Paris, et le génie de la liberté s'élevait même au-dessus du génie de la victoire. Le grand empereur avait survécu à son règne, à ses conquêtes, aux constitutions de son empire, et il n'apparaissait plus que comme une individualité puissante qui s'était élevée à son tour pour une mission désormais accomplie.

» Chose remarquable, messieurs, il avait fait triompher au dehors l'esprit nouveau, en montrant au monde le soldat couronné, entouré d'un cortége de rois; mais au dedans il l'avait comprimé, en rendant de jour en jour son pouvoir plus absolu. Le peuple ne s'est rappelé que ses victoires : l'empire n'est plus aujourd'hui pour lui un mode de gouvernement, une constitution politique, une forme d'organisation sociale; c'est le nom d'une époque devenue presque poétique, où brille la gloire des armes sous les auspices d'un héros.

» Eh quoi! parce que le gouvernement de juillet s'associe à toutes les sympathies publiques, et, dépositaire de l'honneur du passé comme du destin de l'avenir, admire ce que la France admire, et se plaît à lui rappeler le souvenir de sa grandeur, vous avez pu penser que ces hommages vous appelaient, et que cette popularité du grand homme vous frayait un chemin vers l'empire? Quoi! parce qu'un prince français traverse les mers pour ramener, au nom de la patrie, sur les rives de la Seine, les cendres glorieuses que le rocher de Sainte-Hélène avait gardées, vous avez pu penser que vous aviez seul le droit de les recevoir au sein de la France par vous régénérée! Non, non! les gouvernements qui préparent leur ruine et qui ouvrent les voies à leurs ennemis, ce sont ceux qui luttent avec effort contre les généreuses tendances de l'esprit public, et qui s'usent à les comprimer: ce ne sont pas ceux qui unissent aux suffrages des citoyens les mêmes admirations, les mêmes volontés, les mêmes sentiments d'indépendance et de nationalité. Tout condamnait donc vos prétentions surannées et vos criminelles entreprises; tout vous présageait le dénoûment où est venue s'ensevelir une présomptueuse ambition. Vous êtes venu en France pour un crime; vous vous y trouvez devant la justice! Elle vous infligera comme à tous les coupables le châtiment légal que vous avez encouru. »

LE PRINCE, d'une voix émue :

« Messieurs, M. le procureur-général vient de pro-
» noncer un discours très éloquent, mais complètement
» inutile.

» En priant M⁰ Berryer d'expliquer devant vous mes
» intentions et mes droits, j'ai voulu remplir un devoir
» que m'imposaient ma naissance, ma famille et mon
» pays : M⁰ Berryer a admirablement bien rempli cette
» tâche.

» Maintenant qu'il ne s'agit que de mon sort person-
» nel, je ne veux pas me mettre à l'abri d'une excep-

» tion; je veux partager le sort des hommes qui ne
» m'ont pas abandonné au jour du danger.

» Je prie Mᵉ Berryer de ne pas continuer ma dé-
» fense. »

Ces paroles, prononcées avec dignité, ont fait une grande impression.

Mᵉ BERRYER : « Les nobles sentiments que le prince Napoléon vient d'exprimer rendent plus précieux pour moi l'honneur qu'il m'a fait en me choisissant pour son avocat, et je suis heureux d'avoir apporté tout le zèle, toute la franchise et toute l'énergie dont je suis capable pour sa défense. Je lui obéirai. (Sensation.) Qu'aurais-je à faire pour répondre au réquisitoire que vous venez d'entendre? On a discuté une autre cause que celle qui vous est soumise. On a discuté, combattu les opinions politiques du défenseur. Répondrai-je à ma propre accusation? Non, Messieurs; pour un tel débat une autre tribune m'est ouverte. » (Vive sensation.)

Les membres de la Cour se lèvent; le président ne peut réussir à leur faire reprendre leurs places ; la séance se trouve suspendue de fait, et une vive agitation se fait sentir dans l'Assemblée.

La Cour rentre au bout d'un quart d'heure.
LE PRÉSIDENT : L'audience est reprise.
La parole est à M. le procureur-général.
M. FRANCK-CARRÉ se lève et donne lecture des conclusions suivantes : Le procureur-général du roi près la Cour des pairs requiert qu'il plaise à la Cour.
Attendu qu'il résulte de l'instruction et des débats que Louis Napoléon,
Charles-Tristan de Mon   a,
Voisin,
Louis Le Duff de Mésonan,
Charles Parquin,

7.

Hippolyte Bouffet de Montauban,
Jules Lombard,
Jean-Gilbert Fialin de Persigny,
Jean-Baptiste Forestier,
Eugène Bataille,
Jean-Baptiste Aladenise,
Étienne Laborde,
Prosper-Alexandre, dit Desjardins,
Henri Conneau,
Napoléon Ornano,
Mathieu Galvani,
Alfred d'Almbert,
Joseph Orsi,

Se sont rendus coupables, le 6 août dernier, d'un attentat ayant pour but de changer la forme du gouvernement, de provoquer à la guerre civile, en excitant les citoyens à s'armer les uns contre les autres; crimes prévus par les articles 87, 88 et 89 du Code pénal;

Faire application aux sus-nommés des peines portées par la loi.

S'en rapportant à la sagesse de la Cour pour faire droit au réquisitoire, et tempérer la rigueur des peines s'il y a lieu.

M. LE PRÉSIDENT : Prince Louis-Napoléon, avez-vous quelque chose à ajouter à votre défense ?

LE PRINCE : Non, Monsieur.

Le président fait successivement cette question à tous les accusés. Tous font la même réponse : Non, M. le président.

M. LE PRÉSIDENT : La défense étant complète, je déclare les débats terminés, et la Cour va se retirer dans la salle de ses délibérations pour y être délibéré, et l'arrêt ultérieurement prononcé en audience publique.

L'audience est levée.

La foule, avide de voir le prince, ne se résout à

quitter la salle que lorsque le prince Louis-Napoléon a disparu.

Audience du 6 octobre.

A midi la foule est déjà nombreuse aux portes du palais du Luxembourg.

La Cour principale était remplie de personnes munies de cartes qui devaient les faire admettre dans les tribunes privilégiées.

Chacun attendait avec anxiété cet arrêt, fruit de cinq jours de vives discussions, cet arrêt qui devait fixer le sort du neveu de l'empereur Napoléon et de ses dévoués compagnons.

A deux heures, les portes qui conduisent à la salle d'audience sont ouvertes.

A deux heures un quart, un huissier annonce la Cour.

M. LE PRÉSIDENT : Monsieur le secrétaire de la Cour va faire l'appel nominal.

M. Cauchy, secrétaire, procède à l'appel nominal des membres qui composent la Cour.

Cette formalité remplie, M. le président, au milieu du plus profond silence, prononce l'arrêt de la Cour.

Cet arrêt est ainsi conçu :

ARRÊT.

» La Cour des Pairs vu l'arrêt du 16 septembre dernier, ensemble l'acte d'accusation dressé en conséquence contre :

» Le prince CHARLES-LOUIS-NAPOLÉON BONAPARTE,
» Charles Tristan de Montholon,

» Voisin,
» Louis Le Duff de Mésonan,
» Charles Parquin,
» Hippolyte Bouffet de Montauban,
» Jules Lombard,
» Jean-Gilbert Fialin de Persigny,
» Jean-Baptiste Forestier,
» Eugène Bataille,
» Jean-Baptiste Aladenise,
» Etienne Laborde,
» Prosper-Alexandre, dit Desjardins,
» Henri Conneau,
» Napoléon Ornano,
» Mathieu Galvani,
» Alfred d'Almbert,
» Joseph Orsi,
» Jean-Baptiste Bure.

» Ouïs les témoins en leurs dépositions et confrontations avec les accusés ;

» Ouï le procureur-général du roi dans ses dires et réquisitions, lesquelles réquisitions, par lui déposées sur le bureau de la Cour, sont ainsi conçues :

» Le procureur-général près la Cour des pairs requiert qu'il plaise à la Cour donner acte de ce qu'il s'en rapporte à la sagesse de la Cour en ce qui touche :

» Prosper-Alexandre, dit Desjardins,

» Et attendu qu'il résulte de l'instruction et des débats, que

» CHARLES-LOUIS-NAPOLÉON BONAPARTE,
» Charles-Tristan de Montholon,
» J.-B. Voisin,
» Louis Le Duff de Mésonan,
» Jules Lombard,
» Jean-Gilbert Fialin de Persigny,

» Jean-Baptiste Forestier,
» Eugène Bataille,
» Jean-Baptiste Aladenise,
» Etienne Laborde,
» Henri Conneau,
» Napoléon Ornano,
» Mathieu Galvani,
» Alfred d'Almbert,
» Joseph Orsi,
» Jean-Baptiste Bure,

» Se sont rendus coupables, le 6 août dernier, d'un attentat ayant pour but de détruire ou de changer la forme du gouvernement, d'exciter les citoyens à s'armer contre l'autorité royale, et d'exciter les citoyens à s'armer les uns contre les autres, crimes prévus par les articles 87, 88, 89 et 91 du Code pénal ;

» Faire application aux susnommés des peines portées par la loi.

» S'en rapportant à la sagesse de la Cour pour faire droit au réquisitoire et pour la rigueur des peines, si elle le juge convenable.

» Fait au parquet de la Cour des pairs, le 2 octobre 1840.

» Le procureur-général.

» Signé FRANCK-CARRÉ. »

« Après avoir entendu :

» Le prince CHARLES-LOUIS-NAPOLÉON BONAPARTE, et Me Berryer, son défenseur ;

» Charles-Tristan de Montholon, et Me Ferdinand Barrot, son défenseur ;

» Jean-Baptiste Voisin, et Me Ferdinand Barrot, son défenseur ;

» Louis Le Duff de Mésonan, et Me Delacour, son défenseur ;

» Charles Parquin, et Me Ferdinand Barrot, son défenseur ;

» Le vicomte Bouffet de Montauban, et Me Barillon, son défenseur ;

» Jules Lombard, et Me Barillon, son défenseur ;

» J.-Gilbert Fialin de Persigny, et Me Barillon, son fenseur ;

» Jean-Baptiste Forestier, et Me Ducluzeau, son défenseur ;

» Eugène Bataille, et Ferdinand Barrot, son défenseur ;

» Jean-Baptiste Aladenise, et Me Favre, son défenseur ;

» Etienne Laborde, et Me Nogent de Saint-Laurent, son défenseur ;

» Prosper-Alexandre, dit Desjardins, et Me Ferdinand Barrot, son défenseur ;

» Henri Conneau, et Me Barillon, son défenseur ;

» Napoléon Ornano, et Me Lignier, son défenseur ;

» Mathieu Galvani, et Me Lignier, son défenseur ;

» Alfred d'Almbert, et Me Lignier, son défenseur ;

» Jean-Baptiste Bure, et Me Lignier, son défenseur, dans leurs moyens de défense ; et les accusés interpellés, conformément au paragraphe 3 de l'art. 385 du Code d'instruction criminelle ;

» Après en avoir délibéré dans les séances des 3, 4, 5 et 6 octobre courant ;

» En ce qui concerne :

» Prosper-Alexandre, dit Desjardins,

» Mathieu Galvani,

» Alfred d'Almbert,

» Jean-Baptiste Bure,

» Attendu qu'il n'y a pas preuve suffisante qu'ils se soient rendus coupables de l'attentat ci-après qualifié,

» Déclare

» Prosper-Alexandre, dit Desjardins,

» Mathieu Galvani,

» Alfred d'Almbert,

» J.-B. Bure,

» Acquittés de l'accusation portée contre eux ;

» Ordonne qu'ils seront mis en liberté s'ils ne sont retenus pour une autre cause.

» En ce qui touche :

» LE PRINCE CHARLES-LOUIS-NAPOLÉON BONAPARTE,

» Charles-Tristan de Montholon,

» Jean-Baptiste Aladenise,

» Jean-Baptiste Voisin,

» Louis Le Duff de Mésonan,

» Charles Parquin,

» Jules Lombard,

» J. Gilbert Fialin de Persigny,

» Jean-Baptiste Forestier,

» Napoléon Ornano,

» Hippolyte Bouffet de Montauban,

» Eugène Bataille,

» Joseph Orsi,

» Henri Conneau,

» Etienne Laborde ;

» Attendu qu'il résulte de l'instruction et des débats qu'ils se sont rendus coupables, le 6 août dernier, d'un attentat ayant pour but de détruire ou de changer le gouvernement, d'exciter les citoyens à s'armer contre l'autorité royale, et d'exciter les citoyens à s'armer les uns contre les autres, crimes prévus par les articles 87, 88 et 91 du code pénal, ainsi conçus :

» Art. 87. L'attentat ou le complot contre la vie ou la personne des membres de la famille royale ;

» L'attentat ou le complot dont le but sera, soit de détruire ou de changer le gouvernement ou l'ordre de successibilité au trône, soit d'exciter les citoyens ou habitants à s'armer contre l'autorité royale, seront punis de la peine de mort et de la confiscation des biens.

» Art. 88. Il y a attentat dès qu'un acte est commis ou commencé pour parvenir à l'exécution de ces crimes, quoiqu'ils n'aient pas été consommés.

» Art. 91. L'attentat ou le complot dont le but sera, soit d'exciter la guerre civile, en armant ou en portant les citoyens ou habitants à s'armer les uns contre les autres, soit de porter la dévastation, le massacre et le pillage dans une ou plusieurs communes, sera puni de la peine de mort, et les biens des coupables seront confisqués.

» Attendu que les peines doivent être proportionnées à la part que chacun des coupables a prise à l'attentat qu'ils ont commis,

Condamne :

» LE PRINCE CHARLES-LOUIS-NAPOLÉON-BONAPARTE à l'emprisonnement perpétuel dans une forteresse située sur le territoire continental du royaume ;

» Jean-Baptiste Aladenise, à la peine de la déportation ;

» Charles-Tristan, comte de Montholon,

» Charles Parquin,
» Jules Lombard,
» Jules-Gilbert Fialin de Persigny, à vingt années de détention;
» Jean-Baptiste Voisin,
» Jean-Baptiste Forestier,
» Napoléon Ornano, à dix années de détention,
» Eugène Bataille,
» Hippolyte Bouffet de Montauban,
» Joseph Orsi, à cinq années de détention.

» Ordonne, conformément à l'article 436 du code pénal,

» Que les condamnés susnommés resteront toute leur vie sous la surveillance de la haute police;

» Les déclare déchus de leurs titres, grades et décorations;

» Henri Conneau, à cinq années d'emprisonnement;

» Etienne Laborde, à deux années d'emprisonnement;

» Ordonne qu'Henri Conneau restera sous la surveillance de la haute police pendant cinq années;

» Ordonne également qu'Etienne Laborde restera sous la surveillance de la haute police pendant deux années;

» Condamne :

» LE PRINCE CHARLES-LOUIS-NAPOLÉON BONAPARTE,
» Charles-Tristan de Montholon,
» Jean-Baptiste Aladenise,
» Jean-Baptiste Voisin,
» Louis Le Duff de Mésonan,

» Charles Parquin,

» Jules Lombard,

» J. Gilbert Fialin de Persigny ;

» J.-B. Forestier,

» Napoléon Ornano ,

» Hippolyte Bouffet de Montauban ;

» Eugène Bataille,

» Henri Conneau ,

» Etienne Laborde ,

» Solidairement aux frais du procès, lesquels seront liquidés conformément à la loi, tant pour la portion qui doit être supportée par l'Etat, que pour celle qui doit être à la charge des condamnés;

» Ordonne que le présent arrêt sera publié à la diligence de M. le procureur-général du roi, et affiché partout où besoin sera ;

» Ordonne en outre que le présent arrêt sera lu aux condamnés par le greffier en chef de la Cour.

» Fait et délibéré à Paris, le mardi 6 octobre 1840, en la chambre du conseil. »

———

Le 6 octobre 1840 , Louis-Napoléon fut condamné à un emprisonnement perpétuel. Lorsqu'il apprit sa sentence, il s'écria : « Du moins j'aurai le bonheur de mourir en France ! »

Résigné à son sort, Louis Napoléon ne s'occupa plus que de travaux sérieux, dont nous ferons connaître tout-à-l'heure la nature et l'esprit par des extraits. Mais recherchons, avant d'aller plus loin, comment le prisonnier de Ham envisageait sa propre situation. Une lettre du prince va vous donner la mesure exacte de ses idées et de ses sentiments. Cette lettre est datée de Ham, le 18 avril 1843 ; elle a été publiée dans le temps (1) telle que nous la transcrivons ici :

« *A M. L***.*

» Fort de Ham, le 18 avril 1843.

» Vous me dites qu'on parle beaucoup à Paris d'une amnistie, et vous me demandez l'impression que produit sur moi cette nouvelle. Je réponds franchement à votre question.

» Si demain on ouvrait les portes de ma rison, pen me disant : « Vous êtes libre, venez avec nous vous as-
« seoir comme citoyen au foyer national ; la France ne
« répudie plus aucun de ses enfants, » ah ! certes, alors, un vif mouvement de joie saisirait mon âme. Mais si, au contraire, on venait m'offrir de changer ma position actuelle pour l'exil, je refuserais une telle proposition, car ce serait à mes yeux une aggravation de peine. Je préfère être captif sur le sol français que libre à l'étranger.

» Je connais d'ailleurs ce que vaut une amnistie de la part du pouvoir actuel. Il y a sept ans, après l'affaire de Strasbourg, on vint, une nuit, m'arracher à la justice du pays, et sans écouter mes protestations, sans même me donner le temps de prendre les vêtements les plus nécessaires, on m'entraîna à deux mille lieues de l'Europe. Après avoir été retenu prisonnier jusque dans la rade de Rio-Janeiro, on me conduisit enfin aux États-Unis. Ayant appris à New-York la nouvelle de la grave maladie de ma mère, je revins en Angleterre. En arrivant, quelle fut ma surprise de voir que toutes les portes du continent m'étaient fermées par les soins du gouvernement français, et quelle fut mon indignation en apprenant que, pour m'empêcher d'aller fermer les yeux

(1) *Progrès du Pas-de-Calais* (23 avril 1843), rédigé par M. Frédéric Degeorge, aujourd'hui représentant du peuple, et l'un des secrétaires de l'Assemblée nationale.

de ma mère mourante, on avait répandu pendant mon absence cette calomnie (tant de fois reproduite et démentie), que j'avais promis de ne plus revenir en Europe !

» Trompant les polices des Etats allemands, je parvins en Suisse et assistai au spectacle le plus déchirant pour le cœur d'un fils. A peine le corps de ma mère reposait-il dans le cercueil, que le gouvernement français voulut me faire renvoyer du sol hospitalier où j'étais devenu propriétaire et citoyen. Le peuple suisse soutint ses droits et me garda. Mais voulant éviter des complications sans nombre et même une collision, je quittai volontairement, mais non sans de vifs regrets, des lieux où ma mère avait, depuis vingt ans, transporté ses pénates français, où j'avais grandi, où enfin je comptais assez d'amis pour pouvoir croire parfois que j'étais dans mon pays. — Voilà quels furent, à mon égard, les effets de l'amnistie violente du gouvernement. Croyez-vous que je puisse en désirer une seconde ?

» Banni depuis vingt-cinq ans, deux fois trahi par le sort, je connais de cette vie toutes les vicissitudes et toutes les douleurs ; et, revenu des illusions de la jeunesse, je trouve, dans l'air natal que je respire, dans l'étude, dans le repos de ma prison, un charme que je n'ai pas ressenti lorsque je partageais les plaisirs des peuples étrangers, et que, vaincu, je buvais à la même coupe que le vainqueur de Waterloo. — En un mot, je répéterais, si l'occasion s'en présentait, ce que j'ai dit à la cour des pairs : « Je ne veux pas de générosité, car » je sais ce qu'il en coûte ! »

« Recevez, etc.

« *Signé* NAPOLÉON-LOUIS-BONAPARTE. »

Voici maintenant quelles étaient, au point de vue politique, les pensées et les opinions de Louis-Napoléon. Nous ne faisons encore que reproduire un article du *Progrès du Pas-de-Calais*, portant la date du 28 octobre 1843.

Profession de foi démocratique du prince Napoléon-
Louis Bonaparte.

« Ce n'est plus, et nous n'en avons jamais fait un mystère pour personne : depuis plus de quinze mois, le prince Napoléon–Louis Bonaparte envoie, de sa prison de Ham, des articles au *Progrès.*

» Notre numéro du 16 en contenait un relatif au vœu émis à l'unanimité, par le conseil général de la Corse, pour que la famille Napoléon fût rappelée de l'exil, et que le captif de Ham fût rendu à la liberté et à la jouissance de ses droits de citoyen français.

» Bien que cet article, que reproduisent un très grand nombre de journaux français et plusieurs journaux étrangers, contînt cette déclaration : « La famille Bo-
» naparte, issue de la révolution, *ne doit, ne peut re-*
» *connaître qu'un principe, celui de la souveraineté na-*
» *tionale,* elle ne peut donc invoquer *que les droits de*
» *citoyen français,* ce sont *les seuls que nous lui recon-*
» *naissons,* mais ceux-là, il y aurait injustice et pusil-
» lanimité à les leur refuser plus longtemps ; » nonobs-
tant cette déclaration, le *Journal du Loiret,* répondant au prince, crut devoir lui demander, et il fit bien, à quel titre il rentrerait dans la grande famille française, si les portes de sa prison lui étaient ouvertes, et si l'exil, dont sa famille tout entière est frappée, prenait fin. »

» Le prince a répondu ainsi :

» *A M. le Rédacteur du* Journal du Loiret.

» Fort de Ham, le 21 octobre 1845.

» Monsieur,

» Je réponds sans hésitation à l'interpellation bien-veillante que vous m'adressez dans votre numéro du 18.

» Jamais je n'ai cru et jamais je ne croirai que la France soit l'apanage d'un homme ou d'une famille ;

jamais je n'ai invoqué d'autres droits que ceux de citoyen français, et jamais je n'aurai d'autre désir que de
voir le peuple entier, légalement convoqué, choisir librement la forme de gouvernement qui lui conviendra.

» Issu d'une famille qui a dû son élévation au suffrage de la nation, je mentirais à mon origine, à ma
nature, et, qui plus est, au sens commun, si je n'admet-
tais pas la souveraineté du peuple comme base fondamentale de toute organisation politique. Mes actions et
mes paroles antérieures sont d'accord avec cette opinion. Si on ne m'a pas compris, c'est qu'on n'explique
pas les défaites; on les condamne.

» J'ai réclamé, il est vrai, une première place ; mais
sur la brèche. J'avais une grande ambition, mais elle
était hautement avouable, l'ambition de réunir autour
de mon nom plébéien tous les partisans de la souveraineté nationale, tous ceux qui voulaient la gloire et la
liberté. Si je me suis trompé, est-ce à l'opinion démocratique à m'en vouloir? est-ce à la France à m'en
punir?

» Croyez, Monsieur, que, quel que soit le sort que
l'avenir me réserve, on ne dira jamais de moi que, pendant l'exil ou la captivité, *je n'ai rien appris ni rien
oublié!*

« Recevez l'assurance de mes sentiments d'estime et
de sympathie.

NAPOLÉON-LOUIS BONAPARTE. »

« C'est, dit le *Journal du Loiret* en publiant cette
lettre dans son numéro d'avant-hier, que nous recevons
ce matin, c'est un témoignage de la toute-puissance du
principe démocratique, et c'est d'un exemple d'une haute
portée, que ce spectacle d'un homme de famille royale,
d'un héritier du trône, d'un prince jeune, intelligent et
fier, populaire par le nom qu'il porte et par les glorieux
souvenirs qu'il rappelle, se dégageant des préjugés mo-

narchiques, abdiquant les priviléges de sa race et rendant un solennel hommage à la souveraineté du peuple. Nous félicitons hautement le prince Louis des généreux sentiments exprimés dans sa lettre. Ils sont ceux d'un homme de cœur et d'un esprit élevé. »

Puis, faisant ressortir ce contraste étrange déjà signalé pour nous, il y a quatre jours, entre l'exilé de Goritz et le captif de Ham, notre confrère d'Orléans dit :

« Pendant qu'un membre de la famille Napoléon déclare à la face de tous qu'il admet la souveraineté du peuple comme base fondamentale de toute organisation politique, un autre prétendant, le duc de Bordeaux, fait désavouer par son organe officiel ceux du parti légitimiste qui veulent se détacher des doctrines absolutistes et marcher d'accord avec les sentiments du pays. »

Le *Journal du Loiret* termine par ces mots, qui, pénétrant à travers les barreaux qui retiennent encore le captif de Ham, font luire une étincelle de bonheur et d'espérance dans sa prison :

« Nous ne sommes qu'un faible écho de l'opposition nationale, mais au nom des idées dont nous sommes l'organe, nous adressons nos sympathies au prince Louis-Napoléon. Le prince Louis n'est plus un prétendant à nos yeux, mais un concitoyen, un membre de notre parti, un soldat de notre drapeau. »

A une époque antérieure, le journal que nous venons de citer avait apprécié la situation de Louis-Napoléon dans les termes suivants :

Le prisonnier de Ham.

« Ainsi que Châteaubriand exilé, écrivant les éloquentes pages de son *Génie du Christianisme*, s'écriait aux émigrés détracteurs de la France : Malheur à qui insulte son pays ! Que la patrie se lasse d'être injuste avant que nous ne nous lassions de l'aimer; ayons le cœur d'être plus grand que ses injustices, » ainsi le

prince Louis-Napoléon, renfermé au fort de Ham, rédi
geant sa dernière brochure sur la *Question des sucres*,
« remercie le ciel de lui avoir permis, même dans la
captivité, d'être utile à son pays, comme je le remercie,
ajoute-t-il, de me laisser sur ce sol français, objet de
tout mon amour, et que je ne veux quitter à aucun prix,
pas même pour la liberté !

» Oh ! nous nous identifions à la pensée du captif
de Ham. Si en échange de la captivité on ne doit lui
offrir que l'exil, comme lui, nous préférerions qu'on nous
laissât en prison.

» Au moins, la prison n'est pas du choix de celui
qu'on y enferme ; la prison est une nécessité ; plus on
vous y surveille, plus on vous honore ; on montre qu'on
a peur de vous. Le prince Louis-Napoléon, en exil, ne
serait pas plus que ses cousins et que ses oncles, dont
les journaux, à de longs intervalles, prononcent à
peine les noms. En prison, il excite des sympathies
qu'il n'obtiendrait pas étant libre ; ces sympathies ne
seraient-elles données qu'au malheur ! En prison, on
s'occupe de lui : un demi bataillon le garde, et officiers
et soldats qui le voient, qui l'entendent, qui lui parlent,
rapportent dans leurs casernes et leurs garnisons ce
qu'il fait, ce qu'il dit. Pour lui, le tambour bat deux
ou trois fois par jour, pour lui, la garde veille l'arme
au bras ; le ministre, lui-même, se réserve la haute surveillance de sa prison ; de tous les points de la France,
les dévoués à la dynastie impériale aspirent à le visiter,
et quand ils ne le peuvent, ils jettent, en passant, l'œil
à ses barreaux. Le prince Louis-Napoléon aspirant, dans
son exil, par droit de naissance, à la possession d'un trône, nous trouva ses adversaires ; mais en prison, alors
qu'il abdique tout rôle impérial, et ne revendique plus
que le titre de citoyen, il nous trouve ses amis ; et nous
prédisons que, captif ou libre, il a encore un rôle à
jouer, qui peut être beau.

» C'est en continuant à donner dans sa prison l'exemple de la résignation et du courage, c'est en continuant

à s'occuper des questions matérielles qui peuvent augmenter le bien-être du peuple; c'est en continuant à étudier les publicistes qui proclament le droit des nations à se choisir leur gouvernement; c'est en se pénétrant de cette pensée de son oncle : « que depuis le 21 janvier de sanglante mémoire, un roi de France, s'il ne gouverne pas avec l'autorité de ses propres actions, s'il ne sait pas régner glorieusement, est un ilote, pis encore, un homme de trop; » c'est en se ressouvenant toujours de son origine et restant peuple, que le prince Louis-Napoléon étendra sa popularité au-delà des lieux qui lui servent de prison.

» Aux trois brochures que le captif du fort de Ham a récemment publiées, et dont nous avons rendu compte, nous pouvons aujourd'hui ajouter en entier une lettre fort intéressante et encore inédite qu'il vient d'adresser à notre savant M. Arago. »

(Progrès du Pas-de-Calais, 6 déc. 1842.)

Le prince attendait avec patience le cours des événements, lorsque la maladie de son père le força de demander à Louis-Philippe la permission d'aller remplir un devoir sacré, en promettant sur l'honneur de revenir se constituer prisonnier après avoir fermé les yeux de l'ancien roi de Hollande. Le gouvernement français refusa, ou plutôt on voulut imposer au prisonnier des conditions que son honneur ne lui permettait pas d'accepter. Le prince écrivit alors la lettre suivante à M. Odilon Barrot qui lui avait servi d'intermédiaire auprès du pouvoir :

« Fort de Ham, le 2 février 1846.

» Monsieur,

» Permettez-moi, avant de répondre à la lettre que vous avez bien voulu m'écrire, de vous remercier, ainsi que vos amis politiques, de l'intérêt que vous m'avez témoigné, et des démarches spontanées que vous avez cru devoir faire pour alléger le poids de mon infortune. Croyez que ma reconnaissance ne manquera jamais aux hommes généreux qui, dans des circonstances si pénibles, m'ont tendu une main amie.

» Maintenant, je dois vous dire pourquoi je ne crois pas devoir signer la lettre dont vous m'envoyez le modèle. L'homme de cœur qui se trouve seul en face de l'adversité, seul en présence d'ennemis intéressés à l'avilir, doit éviter tout subterfuge, tout équivoque, et mettre la plus grande netteté dans ses démarches ; comme la femme de César, il faut qu'il ne puisse pas même être soupçonné. Si je signais la lettre que vous et beaucoup de députés m'engagez à signer, je demanderais réellement grâce sans oser l'avouer, je me cacherais derrière la demande de mon père, comme un poltron qui s'abrite derrière un arbre pour éviter le boulet. Je trouve cette conduite peu digne de moi. Si je croyais honorable et convenable d'invoquer purement et simplement la clémence royale, j'écrirais au roi : Sire, je demande grâce.

» Mais telle n'est point mon intention. Depuis bientôt six ans, je supporte sans me plaindre une réclusion qui est une des conséquences naturelles de mes attaques contre le gouvernement. Je la supporterai encore dix ans, s'il le faut, sans accuser ni le sort ni les hommes. Je souffre ; mais tous les jours je me dis : Je suis en France, je conserve mon honneur intact, je vis sans joies, mais aussi sans remords, et tous les soirs je m'endors satisfait. Rien de mon côté ne serait venu troubler ce calme de ma conscience, ce silence de ma vie, si mon père ne m'eût manifesté le désir de me revoir auprès de lui pendant ses vieux jours. Mon devoir de fils vint m'arracher à ma résignation, et je me décidai à une démarche dont je pesai toute la gravité, mais qui portait en elle ce caractère de franchise et de loyauté que je désire mettre dans toutes mes actions. J'écrivis au chef de l'État, à celui-là seul qui eût le droit légal de changer ma position ; je lui demandai d'aller auprès de mon père ; je lui parlai de *bienfait*, d'*humanité*, de *reconnaissance*, parce que je ne crains pas d'appeler les choses par leur nom. Le roi a paru satisfait de ma lettre ; il a dit au digne fils du maréchal Ney, qui avait bien voulu se charger de la remettre, que la garantie que j'offrais était suffisante ; mais il n'a point encore fait connaître sa détermination. Les ministres, au contraire, statuant sur une copie de ma lettre au roi, que je leur avais envoyée par déférence, abusant de ma position et de la leur, m'ont fait transmettre une réponse qui prouve un grand mépris pour le malheur. Sous le coup d'un pareil refus, ne connaissant même pas encore la décision du roi, mon devoir est de m'abstenir de toute démarche, et surtout de ne pas souscrire à une demande en grâce déguisée en piété filiale.

» Je maintiens tout ce que j'ai dit dans ma lettre au roi, parce que les sentiments que j'y ai manifestés étaient profondément sentis et me paraissent convenables ; mais je n'avancerai pas d'une ligne. Le chemin de l'honneur est étroit et mouvant ; il n'y a qu'un travers de main entre la terre ferme et l'abîme.

» D'ailleurs, croyez-le bien, Monsieur, si je signais la lettre dont il s'agit, on se montrerait encore plus exigeant. Le 25 décembre, j'écris une lettre assez sèche à M. le ministre de l'intérieur, pour lui demander d'aller auprès de mon père. On me répond poliment. Le 14 janvier, je me décide à une démarche très grave de ma part, j'écris au roi une lettre où je n'épargne aucune des expressions que je crois convenables à la réussite de ma demande. On me répond par une impertinence.

» Ma position est claire et simple, je suis captif ; mais je me console en respirant l'air de la patrie. Un devoir sacré m'appelle auprès de mon père, et je dis au gouvernement : Une circonstance impérieuse me force à vous demander, comme un bienfait, de sortir de France. Si vous m'accordez ma demande, comptez sur ma reconnaissance, et comptez-y d'autant plus que votre décision aura l'empreinte de la générosité; car il n'y a aucun compte à faire de la reconnaissance de ceux qui auraient consenti à s'humilier pour obtenir un avantage.

» En résumé, j'attends avec calme la décision du roi, de cet homme qui a, comme moi, traversé trente années de malheur.

» Je compte sur l'appui et la sympathie des hommes généreux et indépendants comme vous.

» Du reste, je m'en remets à la destinée, et je m'enveloppe d'avance dans ma résignation.

» Recevez, Monsieur, la nouvelle assurance de ma haute estime.

» *Signé* Napoléon-Louis Bonaparte. »

Cette lettre eut l'approbation unanime de tous les amis de Louis-Napoléon. Ceux-là même qui avaient été le plus favorables au système des concessions, comprirent la nécessité de l'honneur qui avait inspiré ce langage.

La captivité de Louis-Napoléon avait duré près de six années, lorsqu'il parvint à s'évader de la forteresse de Ham, le 25 mai 1846, et l'Angleterre devait être encore son unique abri contre les intrigues et les persécutions de la diplomatie de Louis-Philippe.

Cette évasion produisit dans le monde politique une sensation profonde. On comprit à quel sentiment de filiale piété avait obéi le proscrit en regagnant sa famille, et on fut touché du dévoûment avec lequel M. Conneau, son médecin, avait favorisé sa fuite en s'offrant seul à la vindicte des lois.

La justice évoqua cette affaire, et M. Conneau, conjointement avec le gouverneur de la citadelle de Ham, fut accusé d'avoir été de connivence avec le prince dont il aurait favorisé l'évasion. Le docteur se présenta devant ses juges le front calme, l'âme sereine,

en homme qui n'a fait que son devoir, et qui a obéi
aux lois de la reconnaissance et de l'honneur.

M. Conneau avait choisi pour défenseur une des
illustrations du barreau de Paris. Voici comment fut
présentée la défense du docteur; elle résume tous
les incidents de la cause dans un beau langage pitto-
resque et inspiré :

Messieurs, vous vous étonnerez peut-être de me voir,
dans cette enceinte, prendre une place qu'aurait tenue
avec distinction un de ceux que vous avez l'habitude
d'entendre. Aussi, est-il de mon devoir d'expliquer et
d'excuser ma présence.

Il y a tantôt six ans, le prince Napoléon-Louis Bonaparte et ses amis, arrêtés à Boulogne, allaient compa-
raître devant la Cour des pairs. Cette affaire excitait un
intérêt puissant; elle agitait les esprits... J'étais sta-
giaire, je venais d'entrer au barreau de Paris; comme
tant d'autres, j'avais les yeux fixés vers ce grand procès,
non pour y prendre part, c'était au-dessus de mes espérances, mais pour en suivre les détails et les vicissitudes. Le jour solennel approchait, lorsque je reçus d'un
des compagnons du prince la mission de le défendre. Il
y eut là pour moi l'occasion d'une grande surprise et
d'un grand bonheur.

Celui qui m'avait écrit était M. Laborde, un colonel
vieilli sous le drapeau, couvert de décorations et de blessures, un de ces hommes de la gloire et du champ de
bataille, âme indomptable et de fer dans la guerre,
cœur simple et naïf dans les relations intimes, impassible
au feu, ému, tremblant et pleurant comme un enfant à la vue du prince Napoléon-Louis, parce que ce
prince est du sang de l'empereur.

De ce jour, et ce fut un des beaux jours de ma vie,
j'ai connu le prince et ses compagnons, parmi lesquels
j'avais distingué M. le docteur Conneau.

Depuis le procès devant la Cour des pairs, le prince
m'avait fait venir plusieurs fois à Ham pour m'y confier

8.

des intérêts civils. Pendant ces voyages, j'ai renouvelé avec M. Conneau des relations qui puisaient leur source dans une circonstance grande et solennelle pour tous les deux.

Vous comprenez bien, après tout cela, qu'au moment où M. Conneau m'a écrit de venir le défendre, je n'ai dû éprouver autre chose qu'un dévoûment empressé. Aussi je le remercie de m'avoir choisi pour cette mission qui m'est précieuse, et je suis venu, messieurs, avec l'espoir d'un accueil favorable, avec l'excuse de mes relations anciennes déjà.

Une chose me frappe d'abord. Quand une affaire est placée, par la poursuite, aux pieds de la justice répressive, il est fréquent de voir la foule s'intéresser à l'accusé, mais il n'arrive jamais qu'on s'intéresse au fait matériel et pris isolément.

Ainsi, cet homme a porté la main sur la propriété d'autrui... mais c'est un ouvrier qui n'a que son travail, et tout à coup l'hiver est venu, la neige est tombée, l'ouvrage a manqué, on a épuisé les économies, on a emprunté, l'anneau de mariage est au mont-de-piété... il n'est resté dans ce ménage que la misère, une femme couverte de larmes et des enfants mourant de faim.

Cet autre a frappé une femme... Enfant de dix-neuf ans, ardent, croyant, inexpérimenté, il s'est égaré sur la route des passions humaines, il a éprouvé un amour fatal, irrésistible ; il a tout sacrifié, il n'a vécu que pour cela...

Et puis, un jour, il a rencontré la froideur, le dédain, l'égoïsme ; alors le délire l'a saisi, la fièvre a brûlé son sang, ses idées ont longtemps flotté entre le désespoir et l'aliénation, et, dans un paroxisme, il a frappé.

Ces hommes peuvent intéresser ; mais si on les oublie, si on en fait abstraction, il ne reste plus qu'un vol, un meurtre, deux choses odieuses, déshonorantes et punissables.

Eh bien! dans cette cause il n'en est point ainsi. Je m'arrête devant la personne, et je la trouve irréprochable. J'oublie la personne pour ne voir que le fait, et je ne sens en moi que des sympathies ; c'est là ce qui prête à cette cause un caractère exceptionnel. Oui, messieurs, il n'est personne ici qui ne se demande pourquoi un fait qu'il aurait commis est justiciable des tribunaux, et je défends une action que la vieillesse pourrait donner à l'enfance comme l'exemple du dévoûment et de la vertu.

La première question à se faire, pour apprécier en fait et en droit la prévention actuelle, est celle-ci : Quelle était la position du docteur auprès du prince?

C'est une histoire courte, simple, honorable.

Conneau est né à Milan, en 1803, d'un père français, sous un drapeau français, au milieu d'une armée française. En 1820, il fut pendant neuf mois secrétaire de l'ancien roi de Hollande, le père du prince ; c'est l'origine d'une affection admirable et sans bornes qui l'amène ici.

Après avoir suivi avec distinction des cours de médecine et de chirurgie à l'hôpital Sainte-Marie-Neuve, à Florence, il reçut le diplôme de docteur, à Rome, en 1828.

On dirait qu'il est dans les destinées de la France de répandre en Europe les germes de la civilisation et de la liberté. 1830 a eu son retentissement en Italie. Compromis en 1831, Conneau se réfugia dans la Marche d'Ancône. Peu après, il fit la rencontre d'une femme auguste, pleine de grâces et de vertus, et dont la vie n'a été qu'un long bienfait... Il rencontra la reine Hortense; il était malheureux et proscrit, il devint l'hôte d'Arenenberg ; il fut attaché à la reine comme médecin.

En 1835, le choléra sévissait en Italie. Il obtient la permission de partir, il quitte la Suisse et court se mettre au service des victimes du fléau.

Conneau, ayant perdu son père, resta en Italie. Il y

était en décembre 1836, quand tout à coup une double nouvelle parvient dans sa retraite : le prince est prisonnier à Strasbourg, la reine Hortense est malade.

Mlle Masuyer, dame de compagnie, lui écrivait que la reine regrettait son absence. C'était un ordre pour lui. Il part, traverse le Saint-Gothard, au cœur de l'hiver ; huit jours après, il est au chevet de l'auguste malade.

Hélas ! la maladie était mortelle. Le docteur ne s'y trompa point. Toutefois, agité par des scrupules honorables, il fit venir M. Lisfranc, qui ne tarda pas à partager une triste et désolante opinion, celle d'une mort prochaine.

Alors, Conneau écrivit la vérité au prince, que le gouvernement avait envoyé en Amérique. Le prince accourut ; il ne vint pas trop tard.

Pendant que le mal dévorait sa victime, Conneau prodiguait ses soins, il ne quittait la malade ni le jour, ni la nuit ; il essayait de sourire pour lui donner espérance.

Enfin, l'heure suprème arriva. La mère mourut dans les bras de son fils.

On lit dans le testament de la reine Hortense, ces mots : « Je désire que Conneau puisse toujours rester auprès de mon fils. » Messieurs, les paroles de l'agonie sont sacrées sur la terre ; elles entrent dans les cœurs et y laissent une empreinte ineffaçable ; on se les rappelle, on les exécute avec cette vénération qui partout environne les morts et les tombeaux. Les paroles dernières de la reine Hortense ont été entendues ; sa volonté n'a pas été violée ; le prince a toujours gardé Conneau près de lui, Conneau est toujours resté près du fils de celle qu'il avait vu mourir.

Ainsi la position de Conneau près du prince est exceptionnelle et sacrée ; il existe entre eux un lien indissoluble, qui se compose de l'amour filial et du dévoûment absolu.

Quand le prince quitta le château d'Arenenberg pour éviter une conflagration imminente, Conneau le suivit en Angleterre. Il était près du prince à Boulogne, à la Conciergerie, au palais du Luxembourg, à Ham. Condamné à cinq ans de prison, en 1845, par la Cour des pairs, il a vu sa captivité finir. Vous croyez peut-être qu'il va fuir bien loin, courir vers les distractions et les mouvements du monde pour y chercher un contraste aux ennuis de la prison? Eh bien! non; il reste; il n'a aucun besoin de liberté. Ami et médecin, sentinelle de la fidélité et de la science, il veille au seuil d'un illustre prisonnier.

Messieurs, je ne suis pas un esprit chagrin; je ne dois rien aux révolutions ni aux partis; je n'ai dans le cœur ni ressentiment, ni amertume; j'admire ce qu'il y a de bien aujourd'hui, l'essor donné à l'industrie, nos grandes découvertes, notre commerce; mais je ne suis pas optimiste non plus. Je ne détourne pas les yeux de ce qui est mal; je cherche la réalité.

Eh bien! je vois, comme tout le monde, le désir des richesses s'accroître chaque jour, les instincts matériels dessécher les sentiments, la probité sacrifiée à l'opulence, l'esprit de spéculation descendre et envahir la société.

Et quand je vois ces tendances, il m'est impossible de ne pas constater avec bonheur ce qui se passe ici, de ne pas glorifier cette abnégation qui est toute la vie du docteur Conneau.

Au milieu de nos esprits secs et calculateurs, j'aime cet homme qui a tout oublié, excepté le dévoûment; j'aime ces sentiments ardents et naïfs qui se détachent sur notre égoïsme froid et général; cela fait plaisir, cela donne courage; c'est la lueur dans les ténèbres, la fleur près du glacier, la source d'eau fraîche à côté d'une route aride et brûlante.

Il y a quelques jours à peine, M. Conneau était donc au fort de Ham, homme libre, prisonnier volontaire;

tout à coup une triste nouvelle y parvient ; le père du prince est bien malade ; un de ses amis, M. Poggioli, est arrivé de Florence pour réclamer un fils au nom d'un père mourant. Le prince écrit au gouvernement, il demande dignement, mais respectueusement, la permission de se rendre à Florence.

Sa lettre reçue, messieurs les ministres se mettent à discuter sur la forme de la demande, sur la portée des phrases, sur les termes employés... Une question de piété filiale est ainsi absorbée par une question de forme.

Des négociations sont entamées, des exigences s'élèvent ; un illustre et honorable député intervient et écrit un projet de lettre. Le prince répond que, pour arriver au lit de mort de son père, il traversera tout, excepté la honte.

Les choses en restent là : mais dans le cœur du fils le cri de la nation s'élève sans cesse. Lui, si résigné, qui aime sa prison parce que sa prison est en France, pour la première fois il éprouve une consternation profonde, et alors, ce qu'il n'a pas conçu pour lui-même, il l'exécute pour voir encore une fois son père... il s'évade. Comment s'est-il évadé ?

La résolution du prince fut prise quand il eut compris que ses efforts échouaient auprès du gouvernement.

Depuis quelque temps les ouvriers travaillaient dans l'intérieur du fort, sous la direction de M. le garde du génie. Le prince s'est enquis des heures de leur entrée et de leur sortie, de leurs habitudes, de leurs allures.

Le lundi 25 mai, dès sept heures du matin, le prince a revêtu un costume complet d'ouvrier : pantalon en toile bleu, blouse de même couleur, casquette usée, rien n'y manque. Pour se rendre méconnaissable, il a coupé ses moustaches, peint ses sourcils en noir, passé sur son visage une teinte de rouge végétal, et mis une perruque très noire, mal peignée, dont les mèches de cheveux tombaient jusque sur ses oreilles, certes il y avait là de quoi tromper la vigilance la plus sévère.

Après s'être ainsi travesti, le prince a placé sur son épaule une planche de sa bibliothèque ; il est ainsi résolument descendu de son appartement, il a traversé la cour, franchi le guichet lestement, et si lestement, ma foi, que le portier-consigne se demandait hier s'il était sorti par la porte !... Je vous assure bien qu'il n'est pas sorti au travers des murailles..... (Rires.)

Le prince est parti, Conneau est resté ; alors il a eu une préoccupation exclusive, celle de donner au prince le temps de franchir la frontière, et il accumule les artifices et les stratagèmes.

Il place un mannequin dans le lit du prince pour faire croire à une indisposition, ferme la porte de la chambre à coucher donnant sur le corridor, allume du feu dans le salon, et place des cafetières d'eau devant le feu. L'homme de peine arrive : « On déjeunera dans ma chambre, dit le docteur, la petite table suffira, car le général Montholon est souffrant... » Mais M. le curé doit venir dire la messe, et Conneau prévient cet inconvénient par l'envoi d'une lettre que le prince avait écrite la veille et dans laquelle il priait le curé de venir dire la messe un autre jour.

Puis M. Conneau fait une courte visite au général Montholon, qui est dans son lit. A neuf heures, un gardien vient de la part du commandant savoir des nouvelles du prince ; il les donne mauvaises. Vers dix heures, il fait une mixtion de café au lait, de pain bouilli, d'acide nutrique et d'eau de Cologne, pour faire croire à des vomissements. A une heure, le commandant se présente ; il répond que le prince est très-fatigué. A sept heures, nouvelle visite ; le commandant déclare qu'il doit faire son rapport, le prince ayant été malade toute la journée. Il insiste, il entre dans la chambre à coucher... « Le prince dort, dit M. Conneau à voix basse. Mais un roulement de tambour s'étant fait bientôt entendre, le commandant fait observer que le prince a dû être reveillé. Il approche du lit, il examine, fait un geste, et sa main ne rencontre qu'un paquet de foulards et de mouchoirs qui, roulés ensemble, simulaient à merveille la tête d'un malade qui se portait fort bien !...

Tout est découvert..... Que M. le commandant Demarle nous pardonne sa comparution ici; il a fait son devoir, nous avons fait le nôtre.

Ainsi, Conneau est prisonnier, voilà les faits, voyons la loi.

Les art. 237 et suivants du Code pénal, constituent une législation exceptionnelle; c'est là une disposition d'ordre public, non pas une disposition inspirée par l'indignation qui s'attache à un crime ou à un délit par l'utilité qu'il y a à les réprimer, par l'intimidation qu'on doit produire en les réprimant.

L'économie de la loi est simple : pour les détenus, point de peine quand il n'y a ni bris de prison, ni violence. Le désir de la liberté est un instinct si naturel, qu'une loi pénale ne pouvait moralement le contredire.

Le Code trace ensuite deux catégories de complices : les préposés à la garde du détenu, les tiers non préposés. Une punition sévère est infligée aux préposés quand il y a connivence; une punition légère les atteint quand il n'y a que négligence. Cette punition, quelle qu'elle soit, est une conséquence logique du devoir accepté en connaissance de cause.

A l'égard des tiers, la question est délicate. Pour eux, ce n'est pas un devoir de garder le détenu, c'en est un parfois de le faire évader. L'art. 248 du Code pénal a créé une exception en faveur des parents du détenu. Quelle qu'ait été leur coopération à une évasion, les parents ne sont jamais punissables. Cette exception est fondée sur la loi naturelle.

J'aurais voulu une exception de plus; j'aurais voulu une distinction légale et explicite entre les amis intéressés et les amis désintéressés; ceux qui n'ont agi que par un sentiment cupide, et ceux qui agissent par une affection sincère : pour ma part, je condamnerais les premiers, j'acquitterais les seconds. Nous avons les faits, nous connaissons la loi ; voyons s'il y a culpabilité par les faits et dans le sens de la loi.

Deux questions naissent de ce procès :

L'article 240, visé dans l'ordonnance du conseil, est-il applicable ? M. Conneau a-t-il procuré ou facilité l'évasion du prince ?

La loi s'est préoccupée de la nature des accusations et des peines qui atteignaient le détenu évadé ; plus la peine était grave, plus l'accusation était grave, plus il y a de gravité dans le délit d'avoir favorisé ou procuré l'évasion, de telle sorte que la peine contre le complice augmente en raison directe de la gravité de la peine ou de l'accusation qui frappait le détenu évadé.

Ainsi, l'article 238 est relatif aux complices des évadés, prévenus de délits de police ou de peines simplement infamantes.

L'article 239 est relatif aux complices des évadés, accusés de crimes de nature à emporter des peines afflictives à temps, ou condamnés pour des peines pareilles.

Enfin, l'article 240 est relatif aux complices des évadés, accusés de crimes de nature à emporter la peine de mort, ou condamnés à des peines perpétuelles.

Quand l'évadé n'était condamné qu'à une peine correctionelle, l'art. 238 est seul applicable au complice. Le prince a été condamné à l'emprisonnement par la Cour des pairs, et c'est une peine correctionnelle ; oui, sans doute, nous dit-on, mais l'emprisonnement ayant été prononcé pour toute la vie, c'est une peine perpétuelle qui entraîne l'application de l'art. 240. Telle est l'objection qui me jette dans l'examen de la première question.

L'emprisonnement est une peine correctionnelle de sa nature ; elle ne peut être prononcée que pour cinq ans au plus, et dix ans en cas de récidive : c'est la loi. Dans l'espèce, on l'a prononcée à perpétuité. On lui a donné une durée que la loi n'a ni prévue, ni autorisée. Condamner quelqu'un à l'emprisonnement perpétuel, ce n'est

9

pas plus singulier que de condamner un homme à cinq jours de galères, à vingt-quatre heures de réclusion.

Qu'est-ce donc que l'emprisonnement perpétuel? C'est une innovation extra-légale, c'est un fait contraire à la loi, et écrit seulement dans l'arrêt de la Cour des pairs.

Placée au-dessus de toutes les juridictions, la pairie, ordinairement Chambre parlementaire, exceptionnellement Cour de justice, fonctionne sans contrôle, sans appel ni pourvoi. Peut-elle créer une peine en vertu de ses précédents, et sous le régime du bon plaisir? C'est une question que je ne dois point discuter, car vous ne pourriez pas la juger... Ce qui reste, c'est que l'emprisonnement perpétuel est un fait illégal et non pas une disposition de la loi. Ceci posé, voyons, vous voulez appliquer l'art. 420, parce qu'il y a peine perpétuelle.... Mais l'art. 420 fait partie du droit commun, du Code pénal, et n'a pu prévoir que les peines écrites dans le Code pénal : la loi fonctionne seulement pour ce qu'elle a prévu ; elle ne peut avoir d'influence sur ce qui est hors la loi. L'art. 420 n'a donc pas prévu l'emprisonnement perpétuel, et nous sommes placés en dehors de cet article, parce que la perpétuité est ici un fait extra-légal. Ecartons la durée inconnue et illégale de cette peine : il reste sa nature, et de sa nature elle est correctionnelle. Ici nous pouvons la placer par sa nature dans les catégories de la loi, c'est-à-dire dans l'art. 238.

En résumé, et pour ce qui nous occupe, la durée de la peine ne doit pas être appréciée ; il n'y a à se préoccuper que de sa nature, et nous rentrons nécessairement dans les termes de l'art. 238 du Code pénal. Ceci, Messieurs, est l'hypothèse d'une condamnation. Je m'en écarte avec bonheur, car mes espérances sont autres. Je suis arrivé à la seconde question : Conneau a-t-il procuré ou facilité l'évasion?

Il a eu connaissance du projet d'évasion : c'est certain, c'est avoué. Je passe sur cette circonstance, car il n'y a point de délit dans le silence gardé, dans une discrétion simple et naturelle.

Pendant les jours qui ont précédé l'évasion, le jour même, et jusqu'à ce que l'évasion fût consommée, a-t-il commis des actes matériels et prouvés qui l'auraient procurée ou facilitée ? Messieurs, j'ai parcouru l'instruction, j'ai suivi le débat. Quant aux jours qui ont précédé, je ne trouve aucune espèce de concours de la part de M. Conneau. Ce n'est pas lui qui a procuré les vêtements d'ouvrier qui ont servi au déguisement du prince; ce n'est pas lui qui a procuré cette planche qu'il portait, et qui, on peut bien le dire cette fois, était une planche de salut... (Rires.)

Une des réponses faites par M. Conneau, dans un de ses interrogatoires, a été incriminée; on a écrit ceci comme étant sa réponse : Les vêtements dont s'est servi le prince étaient neufs, mais nous les avions salis, fatigués et usés. M. Conneau a formellement rétracté ces paroles; si elles ont été prononcées par lui, il se sera mal expliqué ou on aura mal compris. Cette action n'est pas la sienne, autrement il s'en fût glorifié. Sa rétractation me suffit, car il est un homme d'honneur, incapable d'un mensonge ou d'une réticence.... Et puis, il vous a dit pourquoi il n'a point participé à l'évasion; c'est parce que le prince, dans sa pieuse sollicitude, et voulant sauvegarder celui qui resterait en face de la justice répressive, le lui avait défendu. Oui, cela est; j'en suis sûr, car je connais le prince; je sais quel intérêt inexprimable il éprouve pour ses amis, je sais que c'est un cœur pur et dévoué, l'âme la plus noble et la plus généreuse du monde.

Ainsi, M. Conneau n'a rien fait avant le 25 mai. Qu'a-t-il fait ce jour-là ? Rien encore, et vous allez en être convaincus. Tout ce qu'on a pu incriminer, c'est une idée qui a traversé sa tête, et qu'il a eu la franchise de raconter dans un de ses interrogatoires; la voici : Quand le prince descendait l'escalier, Conneau s'est penché

sur la rampe et a aperçu les jambes d'un gardien qui
était en bas. L'envie lui a pris alors de saisir la sonnette
du général Montholon, et cela, afin de détourner l'attention du gardien. Il a renoncé instantanément à cette
idée, car le gardien aurait pu lever les yeux, apercevoir son bras tendu et s'étonner de cette manière ex-
centrique de sonner. S'il y a là une culpabilité, ce serait une culpabilité métaphysique; en matière ordinaire, il n'y aurait pas même commencement d'exécution. Écartons donc cette circonstance; elle est sans
valeur.

La meilleure preuve de la non-participation de
M. Conneau, c'est que s'il eût été à cent lieues de là, le
prince se serait évadé par les mêmes moyens et dans les
mêmes circonstances.

M. Conneau a agi. Oui, sans doute, mais quand le
prince était déjà dehors de sa prison, quand l'évasion
était déjà consommée. Il a agi pour que l'homme libre
ne fût pas repris. Ici naît une question qui est la véritable question du procès. Cette question consiste à savoir
quel est le sens grammatical et légal du mot évasion. Quand
commence et finit une évasion?

Cette question n'est pas nouvelle. Elle a été plaidée en
1816, par M. Dupin, avec tout l'éclat de sa parole et
toute l'autorité de son opinion. MM. Wilson, Bruce et
Hutchinson, ses clients, étaient accusés d'avoir favorisé
l'évasion de M. de Lavalette. Ces généreux amis n'a-
vaient pas pénétré dans le cachot de la Conciergerie
avec celles qui étaient presque la veuve et l'orpheline
du condamné, car l'exécution était fixée au lendemain.
Ils avaient procuré un uniforme anglais à M. de Lavalette, ils avaient assuré sa fuite vers la frontière.

Ces trois hommes de cœur furent condamnés seulement pour avoir recélé M. de Lavalette, car le proscrit
s'était arrêté pendant plusieurs heures dans le logement
de l'un d'eux. Ils ne furent pas condamnés comme ayant
favorisé et procuré l'évasion.

Messieurs, je viens avec confiance plaider devant vous

le système qui réussit aux mauvais jours d'une réaction politique. Dois-je ne pas réussir dans des circonstances meilleures ? c'est ce que je ne puis penser un instant.

Si j'avais à définir l'évasion, je dirais qu'elle est l'action naturelle du prisonnier qui, par ruse et stratagème, cherche à sortir de sa prison. Il n'y a d'évasion qu'autant qu'il y a un prisonnier. Il n'y a plus de prisonnier dès que le seuil de la prison est franchi. Il reste un homme qui peut être repris, mais qui est momentanément sous le ciel, dans l'espace, en liberté ; il reste l'évadé, c'est-à-dire une évasion consommée, accomplie.

L'évasion commence avec la résolution prise de fuir la prison ; elle continue depuis cette résolution jusqu'au moment de la sortie furtive ; elle finit après le passage du sol de la prison sur la terre de liberté.

Ainsi, pour faciliter ou procurer une évasion, il faut agir pendant que le détenu est encore en prison ; mais une fois le détenu sorti, une fois l'évasion consommée, il n'y a plus de possible que des actes en faveur de la fuite, actes que la loi ne punit pas.

C'est le cas du docteur Conneau. Il n'y a preuve d'activité, de concours contre lui, qu'après le moment où le prince a eu franchi la poterne du fort de Ham ; M. Conneau n'a donc pas favorisé l'évasion ; il a favorisé la fuite hors de France ; il n'a point commis de délit.

Messieurs, je vais finir ; j'éprouve une inquiétude, celle d'avoir trop discuté une cause qui n'avait pas besoin d'être défendue.... Oui, c'est la vérité, oui, il est des faits qui se justifient d'eux-mêmes. Oui, le bien est irrésistible ; il existe dans ce qui est bien une attraction invisible et puissante, qui enchaîne les esprits les moins favorables ; il y a des actions dans ce monde qui ont leur séduction et leur chevalerie...

M. Conneau a bien agi. En vain, vous fermeriez les yeux pour ne pas voir ; en vain vous fermeriez vos cœurs pour ne pas sentir ; quelle que soit l'austérité de votre mission, vous ne pourrez échapper à cette attraction qui rayonne de tous les points de ma cause.

Si Conneau n'a point participé à l'évasion du prince, c'est que le prince, dans les mouvements d'une affectueuse sollicitude, le lui avait défendu ; il s'est incliné devant cet ordre formel.

Mais l'évasion, une fois consommée sans lui, il a ardemment désiré que le prince arrivât jusqu'à la frontière... Et comment vouliez-vous qu'il en fût autrement ? N'était-il pas avec le prince à cette heure suprême où l'âme d'une mère vertueuse montait au ciel ?

A ce moment d'extase immobile, quand la mort vient, n'a-t-il pas vu que la présence d'un fils était pour la mourante une douceur infinie, une consolation sublime.

Jugez, Messieurs, combien ces souvenirs ont dû se réveiller vifs et brûlants lors des dernières nouvelles arrivées à Ham.

La reine Hortense n'est plus ! Elle repose, près de Paris, dans la modeste église d'un humble village, et sous un marbre glacé. Le père existe encore, il est à Florence ; il est seul, car il n'a qu'un fils, et ce fils est en prison. La mort approche peut-être ; faudra-t-il que le vieillard agite ses bras convulsifs sans pouvoir embrasser son fils ? Faudra-t-il que le vieillard appelle d'une voix déchirante et brisée, sans que son fils puisse lui répondre ? Ces conjectures sont cruelles, épouvantables.

Eh bien ! Conneau a voulu que la mère et le père fussent égaux dans la mort. Il a voulu que, comme la mère, le père mourût dans les bras de son fils... Est-ce une action coupable ? Messieurs, répondez-moi, et rappelez-vous que ce qui serait une vertu dans le ciel ne peut être coupable sur la terre !

(Applaudissements.)

A six heures moins un quart, les débats sont clos ; le tribunal se retire dans la chambre du conseil pour délibérer.

Une grande agitation règne dans l'auditoire. On s'entretient vivement des résultats probables de l'affaire ; les opinions sont partagées. M. le docteur Conneau est entouré de dames appartenant à l'aristocratie péronnaise, et qui paraissent lui demander des détails circonstanciés sur l'évasion du prince.

A sept heures, le tribunal rentre en séance ; un grand silence s'établit.

M. le président prononce d'une voix émue un jugement qui est ainsi conçu :

« En ce qui touche Charles Thélin.

» Attendu qu'il résulte des débats la preuve que Thélin a facilité l'évasion du château de Ham, effectuée par le prince Charles-Louis-Napoléon Bonaparte, dans la journée du 25 mai dernier, en prenant part aux faits qui ont préparé, accompagné et suivi cette évasion, et notamment en procurant au prince des effets d'habillement à l'usage d'ouvrier et une voiture ;

» Que ce fait constitue le délit prévu par l'article 240 du Code pénal, la Cour des pairs ayant, par son arrêt du 6 octobre 1840, condamné le prince Louis-Napoléon à une peine perpétuelle ;

» Attendu, toutefois, qu'il existe dans la cause des circonstances atténuantes.

» En ce qui touche Henri Conneau.

» Attendu, en fait, qu'il appert du procès qu'il a facilité l'évasion du prince en prenant part aux faits qui ont préparé, accompagné et suivi cette évasion ;

» Qu'en effet, dans ses premières déclarations, dont les explications postérieures du prévenu n'ont point affaibli l'effet ni la portée, il a avoué avoir, la veille et le matin même du jour de l'évasion, de concert et de complicité avec Thélin, sali, fatigué, lavé et couvert de poussière les habits qui ont servi au déguisement du prince ;

» Que, de plus, le prévenu reconnaît qu'au moment où le prince, couvert de son déguisement, attendait derrière la porte du corridor que l'escalier fût libre pour s'y précipiter, lui, prévenu, faisait le guet pour éclairer et faciliter l'évasion ;

» Qu'enfin, pour tout ce qui est des faits postérieurs à la sortie du prince, il est constant, d'après les aveux du prévenu, qu'il a employé une suite de manœuvres ingénieusement combinées pour retarder le plus longtemps qu'il a pu la connaissance de l'évasion ;

» Qu'en ce faisant, il a couvert la retraite du fugitif et a ainsi facilité la consommation définitive de l'évasion ;

» Attendu, en droit, que la cour des pairs, par son arrêt du 6 octobre 1840, ayant prononcé contre le prince Louis une peine perpétuelle, il n'y a lieu de faire à Conneau l'application des peines portées par l'article 240 du Code pénal;

» Attendu, d'autre part, que par ledit arrêt du 6 octobre 1840, la Cour des pairs ayant condamné ledit Conneau, pour crime, à cinq années d'emprisonnement, il y a lieu à faire application des dispositions de l'art. 57 du Code pénal ;

» Que toutefois, il existe dans la cause des circonstances atténuantes ;

En ce qui touche le commandant Demarle :

» Attendu que loin qu'il résulte du procès des preuves de négligence habituelle dans l'accomplissement de ses devoirs de la part de Demarle, les débats ont mis en relief, au contraire, son zèle, son exactitude et sa surveillance inquiète et incessante;

» Qu'il n'appert pas des débats la preuve que Demarle ait, par sa négligence, facilité l'évasion du prince;

» En ce qui touche les gardiens Dupin Saint-André et Yssaly ;

» Attendu qu'il n'est pas suffisamment établi qu'ils aient, par leur négligence, facilité l'évasion du prince ;

» Renvoie Demarle, Dupin et Yssaly des fins de la prévention ;

» Donne défaut contre Thélin ;

» Déclare Thélin et Conneau coupables d'avoir facilité par connivence l'évasion du prince ;

» Ayant égard aux circonstances atténuantes résultant des faits de la cause ;

» Condamne Thélin à six mois, Conneau à trois mois d'emprisonnement, et tous deux solidairement aux frais du procès. »

CHAPITRE V.

Etudes du Prince à Ham. — Ses travaux. — Fragments de ses ouvrages. — Question du Paupérisme. — Son système d'organisation du travail. — Correspondance. — Opinions des Biographes. — Lettres de célébrités littéraires et politiques.

Avant de montrer le prince sous le nouvel aspect que lui a fait la révolution de février, considérons-le comme homme d'intelligence.

Le prince Louis-Napoléon, pendant son séjour au fort de Ham, se livra à l'étude comme à la seule distraction qui lui fût permise. Il se fit connaître par des travaux importants, car il est penseur profond, philosophe de bonne foi. Voici quelques fragments, composés avant et pendant sa captivité, qui viendront corroborer notre opinion.

Idées Napoléoniennes.

(PUBLIÉES EN 1839.)

La liberté est comme un fleuve; pour qu'elle porte l'abondance et non la dévastation, il faut qu'on lui creuse un lit large et profond. Si, dans son cours régulier et majestueux, elle reste dans ses limites naturelles, les pays qu'elle traverse bénissent son passage ; mais si elle vient comme un torrent qui déborde, on la regarde comme le plus terrible des fléaux ; elle éveille toutes les haines, et l'on voit alors des hommes, dans leur prévention, repousser la liberté parce qu'elle détruit, comme si l'on devait bannir le feu parce qu'il brûle, et l'eau parce qu'elle inonde.

(T. I, p. 92.)

La liberté n'était pas, dit-on, assurée par les lois impériales. Son nom n'était pas, il est vrai, en tête de toutes les lois, ni affiché à tous les carrefours ; mais chaque loi de l'empire en préparait le règne paisible et sûr.

Quand, dans un pays, il y a des partis acharnés les uns contre les autres, des haines violentes, il faut que ces partis disparaissent, que ces haines s'apaisent, avant que la liberté soit possible.

Quand, dans un pays démocratisé comme l'était la France, le principe d'égalité n'est pas appliqué généralement, il faut l'introduire dans toutes les lois avant que la liberté soit possible.

Lorsqu'il n'y a plus ni esprit public, ni religion, ni foi politique, il faut recréer au moins une de ces trois choses, avant que la liberté soit possible.

Lorsque des changements successifs de constitution ont ébranlé le respect dû à la loi, il faut recréer l'influence légale, avant que la liberté soit possible.

Lorsque les anciennes mœurs ont été détruites par une révolution sociale, il faut en recréer de nouvelles d'accord avec les nouveaux principes, avant que la liberté soit possible.

Quand le gouvernement, quelle que soit sa forme, n'a plus ni force ni prestige, que l'ordre n'existe ni dans l'administration ni dans l'Etat, il faut recréer le prestige, rétablir l'ordre, avant que la liberté soit possible.

Lorsque, dans un pays, il n'y a plus d'aristocratie et qu'il n'y a d'organisé que l'armée, il faut reconstituer un ordre civil basé sur une organisation précise et régulière, avant que la liberté soit possible.

Enfin, lorsqu'un pays est en guerre avec ses voisins et qu'il renferme encore dans son sein des partisans de l'étranger, il faut vaincre ces ennemis et se faire des alliés sûrs, avant que la liberté soit possible.

Il faut plaindre les peuples qui veulent récolter avant d'avoir labouré le champ, ensemencé la terre et donné le temps à la plante de germer, d'éclore et de mûrir.

Le gouvernement de Napoléon, plus que tout autre, aurait pu supporter la liberté, parce que Napoléon avait établi en France tout ce qui doit précéder la liberté, parce que son pouvoir reposait sur la masse entière de la Nation, parce que ses intérêts étaient les mêmes que ceux du peuple, parce qu'enfin la confiance la plus entière régnait entre les gouvernants et les gouvernés.

(T. I, p. 93.)

Il y a trois manières d'envisager les rapports de la France avec les gouvernements étrangers. Elles se formulent dans les trois systèmes suivants :

Il y a une politique aveugle et passionnée qui voudrait jeter le gant à l'Europe et détrôner tous les rois.

Il y en a une autre qui lui est entièrement opposée et qui consiste à maintenir la paix en achetant l'amitié des souverains aux dépens de l'honneur et des intérêts du pays.

Enfin, il y a une troisième politique qui offre franchement l'alliance de la France à tous les gouvernements qui veulent marcher avec elle dans les intérêts communs.

Avec la première, il ne peut y avoir ni paix ni trêve ; avec la seconde, il n'y a pas de guerre, mais aussi point d'indépendance ; avec la troisième, pas de paix sans honneur, pas de guerre universelle.

(T. I, p. 139.)

Le génie de notre époque n'a besoin que de la simple raison. Il y a trente ans, il fallait deviner et préparer ; maintenant, il ne s'agit que de voir juste et de recueillir. On ne saurait copier ce qui s'est fait, parce que les imitations ne produisent pas toujours les ressemblances. En lisant l'histoire des peuples, il faut en tirer des principes généraux, sans s'astreindre servilement à suivre pas à pas une trace. Copier dans les détails, au lieu de copier dans son esprit, un gouvernement passé, ce serait agir comme un général qui, se trouvant sur un champ de bataille où vainquit Napoléon ou Frédéric, voudrait s'assurer les succès en répétant les mêmes manœuvres !

(T. I, p. 164.)

Mélanges

(PUBLIÉS EN 1843.)

Notre opinion a toujours été que, malgré ses dangers, une politique grande et généreuse convenait seule à notre patrie, car l'honneur est toujours le meilleur guide ; et, en 1830, la force morale étant tout en notre faveur, il eût été facile à la France de reprendre en Europe le rang qui lui appartenait ; mais aussi nous avouons que la politique de la paix avait son beau, même son glorieux côté. L'histoire nous eût pardonné de baisser momentanément la tête devant les étrangers, à condition de développer toutes les ressources de la France, de moraliser, d'instruire, d'enrichir le peuple. C'était un but immense d'habituer la Nation à la véritable liberté, en créant une administration loyale, probe et juste, qui eût rejeté loin d'elle les errements des gouvernements passés, qui croyaient ne pouvoir contrebalancer les institutions libérales qu'en dominant les masses par l'intimidation et en gagnant les chefs par la corruption.

C'était un but immense de discipliner la démocratie et d'accélérer son règne paisible, en marquant à chacun sa place, en fixant ses devoirs et lui donnant des droits, ce qui lui donnait un intérêt dans la communauté et une propriété dans l'Etat. C'était un but immense d'assurer la tranquillité du foyer domestique et de retremper les caractères, en élargissant les garanties qui protégent la liberté individuelle, en réunissant les hommes par l'association, en leur apprenant que la véritable indépendance est la soumission à une loi consentie par tous.

C'était un but immense de chercher, par tous les moyens, d'extirper le paupérisme, de diminuer les charges accablantes du pauvre, de réveiller partout l'activité bienfaisante des citoyens, en récompensant le mérite et la vertu, en repoussant et châtiant le vice.

C'était enfin un but immense de rendre toute nouvelle révolution impossible, en satisfaisant les intérêts généraux, de ménager les ressources du pays et d'organiser ses forces, de manière qu'au jour du danger la France eût montré au monde le spectacle imposant d'une nation indomptable par l'union de ses enfants, par l'accumulation de ses richesses, par la vigueur de ses institutions.

———

On voit rarement en place des hommes spéciaux. Il résulte de ce désordre un affaiblissement notable de toutes les ressources de la France.

L'agriculture est grevée d'hypothèques, et très-arriérée dans la plus grande partie du territoire.

. . . .

Toutes les industries de la France souffrent, parce qu'on a témérairement baissé les tarifs qui les protégeaient contre la concurrence étrangère.

Le commerce intérieur n'a pas atteint le développement qu'il devrait avoir, parce que l'aisance générale n'a pas augmenté en proportion de l'accroissement de la population, et que les voies de communication sont trop mauvaises, ou trop rares, ou trop coûteuses.

Le commerce extérieur, qui est l'emploi du surplus des produits de l'agriculture et de l'industrie, languit également, parce que l'agriculture, source première de la richesse, est obérée, et parce que l'ascendant moral de la France à l'étranger diminue journellement. Une nation n'achète que lorsqu'elle est riche; elle ne trouve à vendre sur les marchés du monde que lorsqu'elle est forte et respectée.

Donnons quelques preuves de l'habileté et du patriotisme du gouvernement.

Il y a en France, d'après la statistique agricole, 2,802,867 chevaux. Le nombre annuel d'élèves poulains se monte à 348,819. Eh bien! le ministère ne trouve pas dans ce nombre de quoi fournir les 6,000 chevaux qu'exige annuellement la remonte de l'armée, et il achète des chevaux à l'Angleterre ou à l'Allemagne, qui reviennent à 700 fr. par tête !

Nous avons une population surabondante qui demande du travail, et l'on emploie pour la construction des chemins de fer des ouvriers anglais. On n'a pas encore trouvé, en utilisant le territoire immense de l'Algérie, le moyen de détruire le paupérisme en France.

Lorsque, dans la société, un mal organique se révèle, au lieu d'en rechercher la cause pour l'extirper, le gouvernement se contente d'en supprimer l'effet apparent. Ainsi, il n'a trouvé rien de mieux, pour soulager la misère du peuple, que de promulguer la fameuse loi sur le travail des enfants dans les manufactures. Or, qu'est-il arrivé dans la plupart des villes manufacturières ? C'est que les fabricants, ne trouvant plus le même avantage dans le travail des enfants, ne les ont plus employés, et les familles pauvres, qui vivaient en partie du travail de leurs enfants, ont vu pour eux cette ressource se tarir et leur misère s'accroître. Certes, il est cruel de voir des êtres chétifs et faibles plier, dès l'âge le plus tendre, sous le poids du travail; mais il est encore plus pénible de les voir succomber à la faim. Tant qu'on n'aura pas remédié radicalement au vice qui ronge l'industrie, ce qui semble un paradoxe sera une vérité, c'est-à-dire que *l'ouvrier sera obligé de mourir de faim pour vivre.*

Tous ces maux, dont nous n'avons énuméré qu'une faible partie, viennent de ce qu'à la tête de la société il n'y a ni grande conception, ni unité, ni connaissances spéciales. Les intérêts moraux, comme les intérêts matériels, sont sacrifiés à des besoins obscurs et des passions sordides. Au lieu de creuser un lit aux fleuves qui débordent et inondent nos campagnes, au lieu d'élever des digues contre le fléau sans cesse renaissant, c'est contre l'esprit d'indépendance qu'on élève, des barrières, c'est de la liberté qu'on creuse le tombeau. Tous les trésors de la France sont gaspillés, tout ce qu'elle a de forces vitales est dépensé en pure perte.

(*Progrès du Pas-de-Calais*, 19 novembre 1843.)

———

Après avoir esquissé à grands traits la vie, les principes, les mœurs de l'homme dont le nom occupe en ce moment l'attention générale, nous devons rechercher dans ses antécédents s'il appartient à une école d'économistes, et s'il a jamais étudié le grand problème de l'amélioration du sort des classes ouvrières. A Ham, Louis-Napoléon, abonné à tous les journaux de France et de l'étranger, suivait avec attention la marche du siècle. Il se préoccupa gravement du sort de la classe ouvrière, et il jeta sur le papier un système qui, s'il est réfutable, n'en est pas moins plein de philanthropie.

Hâtons-nous de le dire, le député de Paris n'a pas attendu l'ère nouvelle pour décider ce qu'il y avait à faire dans l'intérêt de l'humanité ! Il n'a point écrit un ouvrage d'à-propos dans le but d'obtenir les bénéfices d'une popularité préméditée, car c'est du fond d'une prison qu'il a rédigé sa profession de foi de législateur des masses, et c'est à Ham qu'il en a corrigé les épreuves.

A la préface de cet ouvrage qui a pour titre : *De l'Extinction du Paupérisme*, on lit ces mots touchants qui en expriment éloquemment l'idée mère : *Il est*

naturel, dans le malheur, de songer à ceux qui souf-
frent.

Nous allons en quelques lignes suivre le neveu de l'empereur dans la voie dans laquelle se sont avancés par tant de sentiers divers, MM. Louis Blanc, Thiers, Proudhon et Pierre Leroux.

M. Louis Napoléon Bonaparte, disons-le tout d'abord, est comme tous les hommes d'ordre, un fervent défenseur de la propriété. Il fait mieux que de défendre les propriétaires actuels, il veut rendre propriétaires ceux qui ne le sont pas, en faisant fructifier dans leurs mains des non-valeurs jusqu'ici considérées comme inutiles.

Il y a, dit-il, en France, d'après la statistique agricole industrielle, 9,190,000 hectares de terres incultes appartenant, soit au gouvernement, soit aux communes, soit aux particuliers ; on ne tire qu'un revenu entièrement illusoire de ces pâtures, landes ou bruyères. Que, pour les biens de ce genre appartenant aux particuliers, l'État paie une indemnité ; qu'il les réunisse à ceux de même nature qui sont en sa possession, et qu'il les donne à l'association ouvrière ; qu'il livre à ces bras qui chôment ces terres qui chôment également, ces deux capitaux improductifs renaîtront à la vie l'un par l'autre. On soulagera la misère, tout en soulageant le pays, qu'on enrichira.

Le travail ainsi préparé serait effectué par la création de colonies agricoles.

Voici le calcul de cette entreprise :

L'association ouvrière aurait, par exemple, à défricher les deux quarts des 9,190,000 hectares de terres aujourd'hui incultes, c'est-à-dire 6,127,000 hectares.

Voici le rapport de la culture :

Les hectares de culture dans la France entière sont de 19,314,744

Celles des prairies, tant naturelles qu'artificielles, est de. 5,774,745

Étendue en hectares, total. 25,089,486

La valeur du produit brut de ces terrains, est pour les cultures. 3,479,585,005

Pour les prairies. 666,363,412

Produit total franc 4,145,946,417

Le produit moyen par hectares de terres ensemen-cées ou mises en prairies, s'élève donc à 165 fr.

D'un autre côté, il y a en France 51,568,845 ani-maux domestiques de toutes espèces, qui donnent un produit brut de 767,251,851 francs. L'une dans l'autre, chaque tête de bétail rapporte donc 15 fr., et comme ces bestiaux sont nourris sur environ 26.000,000 d'hectares, cela fait environ deux têtes de bétail par hectare. En moyenne on peut dire que chaque hec-tare produit 195 fr., dont 165 fr. pour le revenu de la terre, et 30 fr. pour le revenu des bestiaux.

Les 6,127,000 hectares rapporteront donc, mis en culture ou en prairies :

Pour le produit brut de la terre. . . 1,010,955,000

Pour le produit des animaux . . . 183,810,000

Total en francs 1,194,765,000

Retranchant de ce nombre ce que ces hectares produisent aujourd'hui, d'après la statistique, c'est-à dire les deux tiers de 820,640,465, ci . . . 54,709,364

La richesse territoriale s'est donc accrue de 1,140,055,636

Tel est le plan général du projet qui a pour but de faire de l'ouvrier inoccupé, 1° un cultivateur; 2° un fermier; 3° enfin un propriétaire, car l'artisan passe successivement par ces trois phases distinctes qui l'intéressent de cœur et d'intérêt à la propriété de son œuvre. Au début il est l'ouvrier agricole de l'Etat; après les premiers travaux, il devient son locataire; et enfin, grâce aux bénéfices de son exploitation, il désintéresse le gouvernement pour conserver, comme sa propriété particulière, la lande fertilisée par ses soins.

M. Louis-Napoléon Bonaparte ne s'est point borné à exposer sommairement les avantages de la combinaison ci-dessus détaillée, il a voulu en indiquer les moyens d'exécution, et il a abordé le chapitre des dépenses dans toute son étendue, ainsi qu'on va le voir dans les lignes suivantes:

Voyons, dit-il, quelle serait la dépense. Pour faciliter nos calculs, supposons que les terres à défricher soient également réparties par chaque division politique de la France, nous aurons 6,127,000 hectares à diviser par 86, ce qui nous donnera par département, 71,241 hectares, en fixant un terme de vingt ans, au bout duquel toutes les terres devront être mises en culture. Il y aura par an, par département, 3,562 hectares à défricher.

Le nombre des bras nécessaires pour ce travail peut se fixer ainsi : un ouvrier défriche, en terme moyen (1), 3 hectares par an. Mais comme il faut compter les malades, et qu'ensuite, dès la seconde année, ces ouvriers sont obligés de donner une partie de leurs soins à la culture des terres déjà défrichées, et d'aider les familles agricoles qui seront appelées annuellement et par surcroît, nous ne supposerons qu'un travail de 2 hectares par an ; il faudra donc mille sept cent quatre vingt-un ouvriers pour accomplir cette tâche en vingt ans, et comme chaque année il y aura 3,562 hectares annuellement défrichés, la colonie accueillera tous les ans cent vingt familles, pour aider à la culture des terres défrichées (2) et pour soigner

---

(1) D'après les renseignements qu'on nous à fournis, un homme défriche 2 hectares de bois par an, ou bien 4 hectares de bruyères ; la moyenne est donc de 3 hectares, en supposant un nombre égal de bois ou de bruyères, ce qui est évidemment bien au-delà de la réalité, puisque les terres incultes qui sont à défricher ne sont pas comprises dans le sol forestier ; on pourrait donc prendre comme moyenne 4 hectares au lieu de 3.

(2) Un grand propriétaire très versé dans ce qui a rapport à l'agriculture, a eu la bonté de nous fournir le renseignement suivant : pour cultiver une ferme de 150 hectares, suivant l'ancien système, blé, avoine, jachères, il faut :

Sept domestiques et une servante toute l'année,

les bestiaux. Puisque nous avons aussi compté d'après
le relevé général de la France, deux bestiaux par
hectare, la colonie achèterait donc tous les ans, à
partir de la fin de la première année, deux fois autant
de bestiaux qu'elle aurait défriché d'hectares dans
l'année précédente. Ainsi, pendant vingt ans, la colonie
aurait des recettes et des dépenses qui suivraient une
progression croissante.

Les recettes, sans compter les premières avances du
gouvernement, se composent de l'augmentation
périodique de 3,562 hectares défrichés, et l'augmentation annuelle de la valeur de chaque hectare
donne un produit de 195 francs; les terres ne rapporteront cette somme qu'au bout de trois ans de culture et quatres années de travail, c'est-à-dire la première année, après son défrichement, chaque hectare
rapportera 65 francs; la seconde année 130 francs, et
les années suivantes 195 francs.

Quant *aux dépenses*, à part les premiers frais d'établissement, il y aura chaque année les dépenses qui
se renouvelleront sans cesse, telles que la solde de
cent vingt familles, l'intérêt des terrains appartenant aux communes ou aux particuliers, la dépense
des ensemencements, des écuries, des frais d'administration, de sept mille cent vingt-quatre bestiaux à
acheter; de plus, il y aura chaque année un accroissement régulier, qui consistera dans l'entretien de

---

Six batteurs employés pendant six mois.
Quatre parcours employés pendant trois mois,
Vingt moissonneurs occupés pendant six semaines.

Avec le nouveau système, où l'on remplace la jachère par
des plantes tardées, il faut avoir un homme de plus par an.

Dans nos calculs nous avons donc mis un nombre de bras
bien suffisant.

cent vingt nouvelles familles, plus la construction de baraques pour les loger.

Chaque ouvrier aura la solde du soldat, et chaque famille la solde de trois ouvriers. L'habillement doit être bien meilleur marché pour des ouvriers que pour des soldats; nous le calculerons cependant au même taux, afin de ne rien changer aux prix établis. Chaque homme coûtera donc par an, tout compris 318 francs (1).

Les Prud'hommes recevront la solde des sous-officiers, les Directeurs recevront la solde d'officiers, le Gouverneur la solde de colonel.

Jusqu'à ce que la colonie ait donné des bénéfices, tous les ouvriers seront logés dans des baraques construites comme celles de nos camps militaires; ces baraques, vastes et saines (2), contiennent ordinai-

---

(1) *Dépenses d'un soldat d'infanterie par an.*

Solde à 30 centimes par jour.	109 fr.	50 c.
Masses personnelles.	86	15
Valeur des rations.	64	67
Habillement.	34	40
Dépenses d'hôpital.	24	13
	318 fr.	85 c.

(2) DIMENSIONS DES BARAQUES.

Profondeur.	3 m.	90 c.
Longueur.	4	60
Hauteur aux pieds droits.	1	00
Hauteur sous les arbaletiers aux faîtes.	3	30
Les murs en torchis et en clayonnage, ont dépaisseur.	0	10

Pour camper une division d'infanterie de dix mille neuf

rement douze hommes, nous ne voudrions y mettre qu'une escouade de dix hommes avec leur Prud'homme, lorsqu'ils ne seraient pas mariés. Dans le cas contraire, il y aurait une famille par baraque, et ces baraques seraient construites sur une plus petite échelle.

Dans plusieurs départements il y a des baraques semblables près des fabriques de sucre.

En faisant les calculs que nous avons mis à la fin de la brochure, on trouve qu'avec une avance de 314 millions, les recettes et dépenses des colonies seraient, au bout de vingt-trois ans de recettes annuelles. . . . . 1,194.694,800 fr.

Dépenses.. 378,622,278
_____

Le profit de l'association serait de. . . . . 816,072,522 fr.

Deux cent six mille quatre cents familles, cent cinquante-trois mille cent soixante-six ouvriers de la classe pauvre seraient entretenus. La France serait enrichie de 12 millions de nouveaux bestiaux; enfin, le gouvernement prélèverait sur le revenu brut, d'après le taux actuel, près de 37 millions de francs.

Si l'empereur avait pu obtenir, après une victoire dernière et décisive, une paix glorieuse et durable, il eût contenté son plus cher désir, celui de devenir un conquérant pacifique. On eût vu alors ce génie immense régénérer les classes souffrantes de la société,

_____

cent quatre hommes, il faut cent soixante baraques du modèle dont il s'agit; on peut évaluer à 150,000 fr. la dépense de construction, et à 12.000 fr., les dépenses nécessaires pour leur entretien pendant huit années qu'elles pourront durer (Aide-mémoire du génie par le capitaine Laisné, page 516).

éteindre le prolétariat, anéantir à jamais le paupérisme, et répandre le bien-être sur toutes les classes
de la population. Son grand désir eût été la mise en
honneur de l'agriculture.

Son neveu semble avoir hérité de cette pensée généreuse et pleine de logique, il s'est dit que la terre
étant la seule mère assez riche pour nourrir tous ses
enfants, il fallait sans relâche la solliciter par le travail ; il s'est dit que dans ce bel art de la culture, si
honoré des anciens, résidait l'unique remède aux douleurs de la société.

Ce système offre de grands avantages.

1° Il attire vers les extrémités du pays une partie
de la population qui s'agglomère inutilement dans les
grandes villes.

2° Il ne faut, pour l'exécuter, qu'une année de solde
de l'armée.

3° Il rapportera au bout de 20 ans un milliard à l'Etat
800 millions à la classe ouvrière,
37 millions au fisc.

Ce projet était conçu en 1844, sous le ministère
Guizot alors à son aurore, et ne prévoyant pas son si-
nistre couchant ; Louis-Napoléon disait aux gens qui
menaient les affaires :

« Mettez à exécution notre idée, en la modifiant de
tout ce que l'expérience des hommes versés dans ces
matières compliquées peut lui fournir de renseignements utiles, de lumières nouvelles ; prenez à cœur
tous les grands intérêts nationaux, établissez le bien-
être des masses sur des bases inébranlables, et vous
serez inébranlables vous-mêmes. *La pauvreté ne sera
plus séditieuse lorsque l'opulence ne sera plus oppressive.*
C'est une grande et sainte mission bien éloignée d'exciter l'ambition des hommes que celle qui consiste à

10

apaiser les haines, à guérir les blessures, à calmer les souffrances de l'humanité en réunissant les citoyens d'un même pays dans un intérêt commun, *et en accélérant un avenir que la civilisation doit amener tôt ou tard.*»

« Aujourd'hui, le but de tout gouvernement habile doit être de tendre, par ses efforts, à ce qu'on puisse dire bientôt : le triomphe du christianisme a détruit l'esclavage : *le triomphe de la Révolution française a détruit le servage, le triomphe des idées démocratiques a détruit le paupérisme.*»

En vérité, quand on songe que ces lignes ont été écrites par un captif, que ces conseils ont été donnés à des persécuteurs, que jamais celui qui les dictait n'eut l'espoir de les mettre en pratique, qu'il dévoilait ainsi un plan politique tout-à-fait désintéressé, on est tenté de s'écrier que personne n'a mieux compris que Louis-Napoléon les nécessités publiques et les exigences de la forme républicaine : on croirait, en parcourant cet ouvrage, qu'il a été écrit par un républicain de la veille, tant il est frappant d'à-propos.

Ce livre restera. Il formera la profession de foi du jeune représentant, en matière d'organisation du travail. Il consacre le droit au travail qu'on a craint d'inscrire dans la Constitution, puisqu'il rend inutile la fiction par laquelle il est remplacé, le droit à l'assistance. Du moment où l'ouvrier inoccupé pourra se créer une position indépendante, en s'enrichissant, sans appauvrir la mère-patrie, il sera plein de déférence pour les pouvoirs qui le protégent ; plein de dignité et de confiance dans ses propres forces ; plein de confraternité dans ses rapports avec l'État comme avec ses concitoyens.

Voici, à l'occasion de ce livre, une lettre qui lui fut adressée par des ouvriers de Paris :

« PRINCE ,

» Vous vous occupez, dans votre prison, des souffrances du peuple et de son avenir: il mérite votre bienveillante sollicitude, car c'est dans ses rangs que se sont réfugiés les sentiments qui ont autrefois rendu la France fière et glorieuse. L'écrit si remarquable que vous venez de publier sur le *paupérisme*, a vivement excité notre reconnaissance; nous venons vous remercier, au nom de la classe ouvrière, de songer et de travailler à son bien-être. L'empereur était notre Roi, à nous; il nous aimait sincèrement, et nous sommes heureux de voir son neveu nous continuer cet attachement.

» Croyez-le bien, Prince, c'est avec douleur que nous vous voyons enseveli dans une citadelle sur le sol de France. Nous faisons des vœux pour que la liberté vous soit enfin rendue avec tous vos droits de citoyen français. Puisse ce témoignage de sympathie adoucir les tristesses de votre prison, et vous rappeler quelquefois qu'il y a autour de vous des compatriotes qui admirent votre courage, estiment votre noble caractère, et aiment en vous le neveu de celui qui fut l'Empereur du peuple.

» Nous avons l'honneur d'être, avec un profond respect,

» Prince,

» Vos très-humbles et très-reconnaissants serviteurs. »

(*Suit un grand nombre de signatures.*)

Voici quelle fut la réponse du prince, réponse dont l'authographe se trouve en tête de ce volume :

« Fort de Ham, le 14 octobre 1844.

» Monsieur,

» J'ai été bien touché de la lettre que vous m'avez adressée au nom de plusieurs personnes de la classe ouvrière, et je suis heureux de penser que quelques-uns de mes concitoyens rendent justice au patriotisme de mes intentions.

» Un témoignage de sympathie de la part d'hommes du peuple me semble cent fois plus précieux que ces flatteries officielles que prodiguent aux puissants les soutiens de tous les régimes; aussi m'efforcerai-je toujours de mériter les éloges et de travailler dans les intérêts de cette immense majorité du peuple français qui n'a aujourd'hui ni droits politiques ni bien-être assuré, quoiqu'elle soit la source reconnue de tous les droits et de toutes les richesses.

» Compagnon des malheureux sergents de la Rochelle, vous devez facilement comprendre quelles sont mes opinions et quels sont mes sentiments, puisque vous avez souffert pour la même cause que moi; aussi est-ce avec plaisir que je vous prie d'être, auprès des signataires de la lettre que vous m'avez adressée, l'interprète de mes sentiments de reconnaissance, et recevez,

» Monsieur,

» L'assurance de mon estime et de ma sympathie,

» Signé : NAPOLÉON-LOUIS. »

A Monsieur Castille, imprimeur, rue Favart, 5.

Pour que cette histoire de Louis-Napoléon Bonaparte fût digne de l'attention du lecteur, nous avons cru qu'elle devait contenir les appréciations de tous les écrivains justement célèbres. Nous ferons donc suivre notre opinion des jugements de la plupart des biographes du prince. On y remarquera un ton de déférence qui dénote de véritables sympathies pour ses malheurs et un respect incontestable pour la pureté de ses intentions.

Voici ce que dit la biographie de Napoléon-Louis, par MM. Germain Sarrut et Saint-Edme (1836):

« Les études philosophiques et les travaux d'économie politique du prince Napoléon-Louis, poursuivis avec un zèle infatigable, portèrent bientôt leur fruit. Le prince publia une brochure fort remarquable, intitulée : *Considérations politiques et militaires sur la Suisse*. Cette brochure annonça un beau talent de penseur et d'écrivain ; elle fit une grande sensation dans le monde diplomatique et dans l'esprit des gens de guerre. D'une part, toutes les constitutions des différents cantons y étaient examinées, décrites et analysées avec une sagacité bien étonnante dans un si jeune publiciste. On y reconnut le coup-d'œil et la raison éclairée d'un homme d'état déjà mûr; les hautes vues y abondaient. L'Helvétie en fut vivement frappée, elle y applaudit avec chaleur, car elle entrevit dans cette brochure les éléments d'une meilleure organisation républicaine dans l'avenir. D'une autre part, la question militaire y était traitée d'une manière large et savante. Le prince y établissait un système de ligne de défense, qui, franchement adopté par la Diète helvétique, rendrait la république presque inabordable aux hostilités des puissances absolutistes. Cette partie de la brochure a des traits qui rappellent le fameux chapitre de Bonaparte, sur le système défensif de l'Italie. La parenté est dans l'âme comme dans le sang.

» Le gouvernement helvétique, pour donner plus de prix et plus d'éclat à cette hospitalité que le prince payait si bien en talent et en œuvres d'utilité publique, lui décerna par acclamation, et à l'unanimité, le titre *honorifique* de citoyen de la république suisse. *Cette qualité n'entraîne pas la naturalisation.* Cette marque d'honneur avait été déférée à deux grands personnages politiques : une fois au maréchal Ney, lors de la médiation, une autre fois au prince de Metternich, sous l'influence des événements de 1815, par l'aristocratie de Berne.

» Devenant plus populaire et plus aimé de jour en jour, le prince Louis-Napoléon ne tarda pas à recevoir du gouvernement de la Suisse un témoignage plus distingué de son estime et de sa confiance ; dans le mois de juin 1834, il fut nommé capitaine d'artillerie au régiment de Berne. Son nouveau grade donna lieu à de vives démonstrations de fraternité de la part de ses camarades. Ainsi, le prince ne pouvant servir la liberté sous le drapeau de sa patrie, selon les vœux de son âme ardente, obtenait une noble réparation d'une république reconnaissante, qui le consolait des injustices du sort. Il entrait dans la carrière militaire comme l'empereur, son oncle ; il commençait, comme lui, dans l'arme de l'artillerie, avec le titre de capitaine, et dans une république. Un tel rapprochement de circonstances doit le rendre fier et l'élever à ses propres yeux. »

La loyauté patriotique de l'excellent républicain et digne représentant, Germain Sarrut, est le consciencieux garant de sa profonde conviction, lorsqu'il écrivit cette biographie, avec le concours de son estimable collaborateur.

Oserait-on répliquer qu'en acceptant du service

en Suisse, sans l'autorisation préalable du gouvernement du 9 août, Napoléon-Louis avait perdu la qualité de Français ? — Exilé de France de par la sainte-alliance et les Bourbons, par cet abus de la force ennemie, confirmée par la loi parjure de 1832, contrairement à la volonté de la nation, seule souveraine, sa position lui imposait le devoir de protester contre ce système que subissait la patrie: il lui aurait manqué s'il avait adressé une pareille demande à ce pouvoir anti-français.

Empruntons encore à sa Biographie ce passage significatif : «Vers la fin de cette même année 1835, après trois ans de laborieuses recherches, de graves méditations sur l'art de l'artillerie, et des études approfondies, après un long travail d'expériences pratiques, le prince Napoléon-Louis s'est placé au premier rang des écrivains et des tacticiens militaires, par la publication d'un ouvrage des plus substantiels sous le titre modeste de: *Manuel pour la Suisse.* C'est un cours à l'usage de toutes les nations modernes; mais on voit que pour le jeune auteur, c'est toujours la France qui est à l'horizon de sa pensée. Il y explique de la manière la plus lumineuse le génie de Napoléon, dans les grandes manœuvres de ses grands jours de victoire.....

« *Le Spectateur militaire* (1), la presse nationale de France, les journaux suisses et anglais en ont parlé comme d'une œuvre capitale, *comme du meilleur traité d'artillerie qui existe en Europe!*

Un autre biographe ajoute :

» Celui qui dès l'âge de vingt-sept ans a produit un tel ouvrage, ne peut être un homme sans moyens;

(1). Le compte-rendu du Manuel est attribué au général Pelet.

celui qui, quatre années avant (1832), avait déjà, dans une brochure intitulée : *Rêveries politiques*, formulé une constitution, laquelle se trouve en grande conformité d'idées avec la plupart des articles du projet de consliution définitivement adopté par l'Assemblée nationale (six articles de ces deux projets sont textuellement pareils). Dans cette constitution républicaine-impérialiste (1), les droits de l'homme et du citoyen, la souveraineté du peuple et le pouvoir judiciaire sont définis d'une manière toute démocratique; nous en citerons les dispositions particulières si remarquablement libérales : « le cautionnement pour les feuilles périodiques est aboli. »

« La Légion-d'Honneur est maintenue, mais elle n'est décernée par l'empereur de la République que lorsque le mérite de l'individu est reconnu par une commission nommée dans ce but. »

Après avoir examiné avec attention ce projet de constitution de Napoléon-Louis, on est patriotiquement amené à regretter que l'une de ses expéditions (Strasbourg ou Boulogne) n'ait pu réussir. Dès cette époque, le peuple aurait recouvré ses droits et sa souveraineté. Cette constitution, révisée par les citoyens représentants du peuple, aurait pu, sans secousses, doter le pays, huit à douze années plus tôt, de liberté, de grandeur et de prospérité.

Nous n'avons point l'honneur de connaître personnellement le citoyen Louis-Napoléon Bonaparte, mais en voyant ses écrits de toutes les époques de sa vie, et, par exemple, son *Analyse de la question des sucres*, publiée en 1842, et l'*Extinction du Paupérisme*, ouvrages d'économie politique, qui, d'après le rapport des esprits les plus compétents, sont les meilleurs traités connus sur ces questions ; puis enfin son écrit

(1) Le fils du grand Napoléon existait encore à ce tte époque.

intitulé : *Des Gouvernements et leurs soutiens*, auquel nous empruntons les lignes suivantes : « C'est qu'en effet échafauder n'est pas bâtir. Faire appel aux passions de la foule n'est pas gouverner. On ne fonde solidement que sur le roc. Or, bâtir aujourd'hui sur le roc, c'est asseoir le gouvernement sur une organisation démocratique, nous demeurons convaincus non-seulement de son ardent amour de la liberté de sa patrie, et de son désintéressement tout républicain, mais encore de ses profondes et incontestables connaissances, de sa haute intelligence, ainsi que de son courage si douloureusement éprouvé en 1831, lors de l'insurrection de la Romagne, où lui et son regrettable frère (1) combattirent, contre les Autrichiens, pour la liberté de l'Italie.

Nous ne craignons pas de le dire hautement, n'est pas un républicain digne de ce nom, qui, la main sur la conscience, après avoir examiné les actes et les ouvrages de ce noble enfant de Paris, oserait dire qu'il n'est pas, en tous points, véritablement digne de servir notre jeune et maternelle république. Répétons, en terminant, avec l'honorable et excellent président de l'Assemblée nationale (M. Armand Marrast), à la fin de son beau rapport sur le projet de constitution : « Que tous les amis de la France apportent à la république le concours de leurs peines, de toutes leurs volontés, de leurs talents. C'est à vous qu'il appartient de les unir. Fondez d'une main ferme les principes républicains ; fortifiez-les par les institutions organiques, où ils puiseront la vie : fiez-vous ensuite au bon sens, à la dignité de ce peuple ; il ne se dégradera pas aux yeux du monde en abaissant son propre droit devant les emblêmes finis du passé, c'est pour lui que vous aurez construit le monument;

(1) Son frère mourut pour cette sainte cause.

il le prendra sous sa garde et bénira votre sagesse q
l'aura élevé. »

Avant de terminer le beau travail biographiq
qu'on vient de lire, l'auteur ajoute les lignes suiva
tes que nous de devons pas omettre, afin de rend
sa pensée toute entière:

« Au moment de mettre sous presse, on nous fait
peu près cette question : *Louis-Napoléon est-il bie
l'auteur des différents ouvrages publiés sous son nom
—En réponse , nous faisons cette autre question pa
induction logique : L'esprit éminent, à la fois homm
d'état, tacticien militaire, économiste, capable de fair
des œuvres de cette portée, voudrait-il consentir à e
abandonner la paternité, lorsqu'en la conservant il e
peut résulter pour lui réputation, gloire, grades, hon
neur et fortune.*

» Non, tant de désintéressement n'est pas donné
l'homme. »

Pour donner aux œuvres littéraires et économiques
du prince quelque valeur officielle, il suffira de citer
les lettres suivantes qui lui furent adressées à une
époque où personne n'avait intérêt à l'égarer par les
louanges, ou à le gagner par l'adulation :

Lettre de George Sand.

(Cette lettre fut écrite au moment où le prisonnier de Ham
venait de terminer son ouvrage sur le paupérisme.)

« PRINCE,

» Je dois vous remercier du souvenir flatteur dont
vous m'avez honorée en m'adressant, avec un mot de

votre main qui m'est précieux, le noble et remarquable travail sur l'extinction du paupérisme. C'est de grand cœur que je vous exprime l'intérêt sérieux avec lequel j'ai étudié votre projet. J'ai été surtout frappée de la juste appréciation de nos malheurs et du généreux désir d'en chercher le remède. Quant à bien apprécier les moyens de la réalisation, je ne suis pas de force à le faire, et, d'ailleurs, ce sont là des controverses dont je suis sûre que vous feriez, au besoin, bon marché. En fait d'application, il faut peut-être avoir la main à l'œuvre pour s'assurer qu'on ne s'est pas trompé, et le rôle d'une vaste intelligence est de perfectionner les plans en les exécutant.

» Mais l'exécution, Prince, en quelles mains l'avenir la confiera-t-il? Il y a peut-être inconvenance et manque de respect à soulever cette question en vous parlant.

» Peut-être aussi de vives sympathies en donnent-elles le droit. Je ne sais pas si votre infortune a des flatteurs, je sais qu'elle mérite d'avoir des amis. Croyez qu'il faut plus d'audace aux esprits courageux pour vous dire la vérité aujourd'hui, qu'il n'en eût fallu si vous eussiez triomphé. C'est notre habitude, à nous, démocrates, de braver les puissants, et cela ne nous coûte guère, quel qu'en soit le danger. Mais devant un héros captif et un guerrier enchaîné, nous ne sommes pas braves. Sachez-nous donc quelque gré, vous qui comprenez ces choses, de ce que nous voulons nous défendre des séductions que votre caractère, votre intelligence et votre situation exercent sur nous, et de ce que nous osons vous dire la vérité de nos consciences. Cette vérité, c'est que jamais nous n'eussions reconnu d'autre souverain que le peuple, et que la souveraineté de tous nous paraîtra toujours incompatible avec celle d'un homme. Aucun miracle, aucune personnification du génie populaire dans un seul, ne nous prouvera le droit d'un seul. Mais vous savez cela; vous le saviez peut-être quand vous marchiez vers nous. Et nous, s'il eût fallu que nous fussions conquis, nous eussions préféré à toute autre une conquête qui eût ressemblé à une délivrance. Mais il nous eût fallu vous voir à l'épreuve, et ce que vous ne saviez pas, c'est que les hommes longtemps trompés et opprimés ne s'éveillent pas dans un jour à la confiance. La pureté de vos intentions eût été fatalement méconnue, et vous ne vous seriez pas assis au milieu de nous sans avoir à nous combattre et à nous réduire. Telle est l'inflexibilité des lois qui entraînent la France vers son but, que vous n'aviez pas mission, vous, homme d'élite, de nous arracher à la tyrannie. Hélas ! vous devez souffrir de cette pensée, autant qu'on souffre de l'envisager et de le dire ; car vous méritiez de naître en des jours où vos rares qualités eussent pu faire notre bonheur.

» Mais il est une autre gloire que celle de l'épée, un autre ascendant que celui des faits ; vous le savez maintenant que le calme du malheur vous a rendu toute votre sagesse, toute votre grandeur naturelle, et vous aspirez, dit-on, à n'être qu'un citoyen français ; c'est un assez beau rôle pour qui sait le comprendre. Vos préoccupations et vos écrits prouvent que nous aurions en vous un grand citoyen, si les ressentiments de la lutte pouvaient s'éteindre, et si le règne de la liberté venait un jour guérir les ombrageuses méfiances des hommes. Vous voyez comme les lois de la guerre sont farouches et implacables, vous qui les avez courageusement affrontées et qui les subissez plus courageusement encore. Elles paraissent odieuses quand on voit un homme tel que vous en être la victime.

» Eh bien ! là est votre gloire nouvelle, là sera votre grandeur véritable. Le nom terrible et magnifique que vous portez n'eût pas suffi pour nous vaincre. Nous avons à la fois diminué et grandi depuis les jours d'ivresse sublime qu'*il* nous a donnés. Son règne illustre n'est plus de ce monde, et l'héritier de son nom, penché, médite, attendri sur le sort des prolétaires !

» Oui, c'est là votre gloire ! C'est un aliment sain qui ne corrompra pas la sainte jeunesse et la haute droiture de votre âme, comme l'eût fait peut-être l'exercice du pouvoir malgré vous. Là serait le lien du cœur entre vous et les âmes républicaines que la France compte par millions aujourd'hui.

» Quant à moi, je ne connais pas le soupçon, et s'il dépendait de moi, après vous avoir lu, j'aurais foi en vos promesses, et j'ouvrirais la prison pour vous faire sortir, la main pour vous recevoir.

» Mais, hélas ! ne vous faites pas d'illusions ! ils sont tous inquiets et sombres autour de moi, ceux qui aspirent à des jours meilleurs. Vous ne les vaincrez que par les idées, par le sentiment démocratique, par la doctrine de l'égalité. Vous avez de tristes loisirs, mais vous savez en tirer pari. Parlez-nous donc souvent de délivrance et d'affranchissement, noble captif ! Le peuple est comme vous dans les fers. Le Napoléon d'aujourd'hui est celui qui personnifie les douleurs du peuple, comme l'autre personnifiait ses gloires.

» Acceptez, Prince, l'expression de mes sentiments respectueux.

» 26 novembre 1844.

» *Signé*, GEORGE SAND. »

Lettre de Béranger.

(Cette lettre fut écrite à l'époque où parut la brochure sur la question des sucres. Cette question avait été traitée si bien par le prince, que plusieurs chambres de commerce en firent faire des éditions et les répandirent à leurs frais.)

« PRINCE,

» La personne qui m'a remis la brochure que vous m'avez fait l'honneur de m'adresser, m'assure qu'il ne peut vous être désagréable de recevoir directement les remercîments que je vous dois. Je m'empresse donc, Prince, de vous exprimer la satisfaction que la lecture de ces ouvrages vient de me procurer ; ils m'ont surtout fait admirer ce qu'il y a de courage à vous de consacrer à d'utiles travaux les longues heures de votre captivité.

» La brochure sur les sucres est celle qui m'a fait le plus de surprise. Je conçois parfaitement vos études historiques et les réflexions si justes qu'elles vous suggèrent ; mais je conçois moins comment vous avez approfondi, Prince, un sujet purement industriel et financier. Vous avez pour moi éclairci ce débat d'intérêts opposés, sauf pourtant, si vous me permettez de le dire, en ce qui touche l'intérêt du consommateur, toujours un peu négligé par les grands de ce monde.

» Puissiez-vous un jour, Prince, être en position de consacrer à notre commune patrie le fruit des connaissances que vous avez déjà acquises et que vous acquerrez encore. En attendant qu'on vous rende, comme il serait juste de le faire, les droits de citoyen français, ainsi qu'à tous les membres de votre illustre famille, croyez aux vœux ardents que je fais pour vous voir rendre à la liberté, sûr que je suis que vous vous consacreriez désormais à des travaux littéraires et scientifiques qui ajouteraient un rayon à l'immense auréole du nom que vous portez.

» Recevez, Prince, avec mes vœux et mes remercîments, l'assurance des sentiments avec lesquels j'ai l'honneur, d'être, Prince,

» Votre très humble serviteur,

» *Signé*, BÉRANGER.

» Passy, 14 octobre 1842. »

Deuxième Lettre de Béranger.

(Cette lettre fut envoyée au prince lors de la publication de son ouvrage sur le paupérisme.)

« PRINCE ,

» J'ai l'honneur de vous remercier de l'envoi que vous m'avez fait de votre écrit. Il doit mériter les suffrages de tous les amis de l'humanité. L'idée que vous émettez dans cette trop courte brochure , est une de celles qui pourraient le mieux améliorer le sort des classes industrielles et travailleuses. Il ne m'appartient pas, Prince, de juger de l'exactitude des calculs dont vous l'appuyez, mais j'ai trop souvent fait des rêves qui avaient le même but que votre généreuse intention, pour ne pas en apprécier toute la valeur. Par un hasard même dont je suis fier, mes utopies du coin du feu se rapprochent singulièrement du projet que vous développez si clairement et si bien appuyé de raisons victorieuses.

» C'est moins par vanité, Prince, que je vous parle ici de mes rêvasseries, que pour faire juger de la satisfaction que votre ouvrage a dû me procurer.

» Il est beau à vous, au milieu des ennuis et des souffrances de la captivité, de vous occuper ainsi, Prince, de ceux de vos concitoyens dont les maux sont si nombreux et si menaçants. C'est la meilleure manière et la plus digne du grand nom que vous portez, de faire sentir le tort des hommes d'État qui hésitent si longtemps à vous rendre la liberté et une patrie. Avec mes vœux pour que vous recouvriez enfin l'une et l'autre, agréez, Prince, l'assurance de mes sentiments de haute considération.

» *Signé*, BÉRANGER.

» Passy, 30 juin 1844. »

Lettre de Châteaubriand.

(Écrite à la même époque que celle ci-dessus.)

« PRINCE,

» Au milieu de vos infortunes, vous avez étudié, avec autant de sagacité que de force les causes d'une révolution qui, dans l'Europe moderne, a ouvert la carrière des calamités royales. Votre amour de la liberté, votre courage et vos souffrances, vous donneraient à mes yeux tous les droits, si, pour être digne de votre estime, je ne devais rester fidèle au malheur d'Henri V comme je le suis à la gloire de Napoléon.

» Qu'il me soit permis, Prince, de vous remercier de l'extrême honneur que vous m'avez fait en citant mon nom dans votre bel ouvrage. Ce précieux témoignage de votre souvenir me pénètre de la plus vive reconnaissance.

» Je suis avec un profond respect, Prince, votre très humble et très obéissant serviteur,

» *Signé*, CHATEAUBRIAND.

« Paris, 15 juin 1844. »

Lettre d'Odilon Barrot.

(Cette lettre fut écrite au moment où le prince refusa de signer la lettre que Louis-Philippe exigeait de lui pour lui permettre de se rendre au désir de son père qui l'attendait à son lit de mort.)

Paris, 6 février 1846

« MON PRINCE,

» Tout en m'affligeant de la détermination que vous

avez prise, je n'ai pas la force de blâmer le sentiment qui vous l'a dictée. Dans le temps où nous vivons, l'élévation et la noblesse de l'âme se rencontrent assez rarement pour que je ne sois pas très disposé à les honorer, même dans ce qu'elles peuvent avoir d'exagéré.

» Recevez, mon Prince, le nouvel hommage de mon respectueux dévouement.

» *Signé*, ODILON BARROT. »

Lettre de Louis Blanc.

(Cette lettre fut écrite dans la même circonstance que la précédente.)

« PRINCE,

» Un de nos amis communs, M. P....., m'a remis la lettre que vous avez bien voulu m'écrire.

» Je n'ai pas besoin de vous dire combien je suis touché des sympathies dont elle m'apporte le témoignage, et auxquelles les miennes répondent si complétement.

» M. P....., qu'on est si heureux d'avoir pour ami, et dont le dévouement à votre personne n'est pas moins éclairé que chaleureux, M. P..... m'a donné communication de votre réponse à M. Odilon Barrot.

» Bien que vous soyez en ce moment captif et malheureux, j'hésiterais à vous dire quels sentiments de profonde estime et d'attendrissement presque, la lecture de cette lettre a éveillés en moi, si déjà je n'avais eu occasion de me faire connaître. Vous vous rappelez, peut-être, Prince, la visite que j'eus l'honneur de vous rendre à Ham, et avec quelle franchise je vous exposai en quoi mes opinions différaient des vôtres. — Homme libre, républicain, ne relevant que de ma conscience et n'attendant rien de personne, je crains peu que, dans ma bouche, ou sous ma plume, l'expression d'un sentiment admiratif soit suspect de flatterie. Je vous confesse donc sans détour que votre réponse à M. Barrot m'a ému jusqu'au fond du cœur. La résolution qu'elle formule était la seule qui fût digne de vous; et moins qu'à personne, il vous était permis, selon moi, de sacrifier au désir de voir ouvrir les portes de votre prison, ce que vous deviez à votre caractère. Tenez pour certain que, par une conduite aussi noble, vous avez rempli de joie vos véritables amis et donné à vos ennemis un déplaisir mortel. Si vous pouviez vous décider à offrir à la grandeur de votre pays, à l'égalité, à la République, ce que vous croyez devoir aux traditions de l'Empire, à une sorte de culte de famille, à votre nom, qu'avec empressement mon cœur volerait vers vous! Laissez-nous espérer, à nous tous qui aimons votre personne sans marcher dans votre voie, laissez-nous espérer que la victoire restera un jour, dans votre âme, à ce qu'elle renferme de tendances démocratiques et d'inspirations désintéressées. Cet espoir, rien ne nous autorise mieux à le former que la constance et la dignité dont vous faites preuve dans le malheur.

» Croyez, Prince, je vous prie, à mon affection et à mon estime.

» *Signé* : Louis BLANC.

» Paris, le 12 février 1846. »

CHAPITRE VI.

Révolution de Février. — Le Prince s'éloignant à la prière du
gouvernement provisoire. — Son élection dans plusieurs
départements. — Sa démission. — Réélections. — Entrée à
la Chambre. — Discours. — Manifeste.

Louis-Napoléon revint à Londres, où il continua ses
études économiques. La révolution de février les in-
terrompit heureusement.

A peine informé de ce grand changement, il se rendit en toute hâte à Paris, et vint mettre son patriotisme à la disposition du gouvernement auquel la
France avait accordé sa confiance. Il espérait qu'après
une révolution aussi populaire, son nom ne serait plus
une cause de proscription, et qu'il pourrait servir la
France selon son désir. Ses vœux furent encore une
fois trompés.

Le gouvernement provisoire manifesta la crainte
que la présence, à Paris, d'un neveu de l'empereur,
ne fût une cause d'inquiétude pour la république nais-
sante.

Toujours dévoué au bonheur de sa patrie, Louis-
Napoléon reprit volontairement le chemin de l'exil,
à la seule pensée qu'en effet sa présence pourrait nuire
à l'affermissement du gouvernement républicain.

La Nation s'empressa de réclamer contre la proscription dont quelques ambitieux qui se cachaient
sous le manteau du républicanisme voulaient frapper
le neveu de l'empereur. Deux cent mille suffrages,
jetés deux fois successivement dans l'urne électorale

des départements de l'intérieur et de celui de la Corse, prouvèrent que la France voulait que Louis-Napoléon lui fût rendu.

Cette manifestation éclatante ne suffit pas à la Commission du pouvoir exécutif. Elle se hâta de présenter à l'Assemblée nationale le projet de décret suivant :

« Vu l'article 4 de la loi du 12 janvier 1816 ;

» Considérant que Charles-Louis-Napoléon est compris dans la loi de 1832, qui exile du territoire français la famille Bonaparte ;

» Considérant que, s'il a été dérogé de fait à cette loi, par un vote de l'Assemblée nationale, qui a admis trois membres de la famille Napoléon à faire partie de l'Assemblée nationale, cette dérogation tout individuelle ne s'étend ni de droit, ni de fait, aux autres membres de la même famille ;

» Considérant que la France veut fonder en paix et en ordre le gouvernement républicain et populaire, sans être traversée dans cette œuvre par des prétentions dynastiques de nature à susciter des factions et à fomenter, même involontairement, la guerre civile ;

» Considérant que Charles-Louis-Napoléon a fait deux fois acte de prétendant, en rêvant une république avec un empereur, c'est-à-dire en rêvant une république dérisoire dans les termes du sénatus-consulte de l'an XII ;

» Considérant que ces agitations, symptômes de menées coupables, pourraient acquérir de la gravité, si, par négligence, imprudence ou faiblesse, le gouvernement ne maintenait ses droits ;

» Considérant que le gouvernement ne peut accepter la responsabilité des dangers que courraient la forme républicaine de nos institutions et la paix publique, s'il manquait au premier de ses devoirs et n'exécutait pas une loi existante, justifiée plus que jamais, pendant un temps déterminé, par la raison d'Etat et par le salut public :

« La commission du Pouvoir exécutif déclare qu'elle fera exécuter, en ce qui concerne Charles-Louis-Napoléon, la loi de 1832, jusqu'au jour où l'Assemblée nationale aura prononcé l'abrogation de cette loi (1). »

L'Assemblée nationale, indignée de l'acharnement que l'on mettait à éloigner un homme dont la présence n'offrait aucun danger à la patrie, et que la patrie venait de réclamer d'une manière incontestable, l'Assemblée nationale repoussa le projet de décret et admit Louis-Napoléon (2).

Disons que l'élection du neveu de l'empereur avait produit une vive sensation. Aussi, pendant que tout ce qu'il y avait de sage et de désintéressé dans la nation se réjouissait, les hommes du *National* et les mécontents de tous les partis avaient cherché à exploiter l'émotion générale à leur profit et au détriment du nouvel élu.

Louis-Napoléon en avait été informé ; il avait écrit aussitôt au président de l'Assemblée nationale la lettre suivante :

« Londres, 14 juin.

» MONSIEUR LE PRÉSIDENT,

» Je partais pour me rendre à mon poste, lorsque j'appris que mon élection servait de prétexte à des troubles déplorables, à des erreurs funestes. Je n'ai pas recherché l'honneur d'être élu représentant, parce que je soupçonnais l'in-

(1) *Moniteur* du 13 juin 1848.
(2) *Moniteur* du 14 juin 1848.

11.

justice dont j'ai été l'objet ; je récuse tous les soupçons, car je n'ambitionnais pas cette élection et encore moins le pouvoir.

» Si le peuple m'impose des devoirs, je saurai les remplir. Mais je désavoue tous ceux qui me prêteraient des intentions ambitieuses que je n'ai pas, et qui se seraient servis de mon nom pour fomenter des troubles.

» Mon nom est avant tout un symbole d'ordre, de nationalité, de gloire, et plutôt que d'être le sujet de troubles et de déchirements, j'aimerais mieux rester en exil.

» Ayez la bonté, Monsieur le Président, de faire connaître cette lettre à mes collègues.

» Agréez, etc. (1).

» LOUIS-NAPOLÉON. »

Ces paroles si simples et si patriotiques ne purent désarmer quelques énergumènes, ennemis passionnés de Louis-Napoléon. Ils se soulevèrent contre lui dans l'Assemblée nationale avec une fureur qui s'irritait de leur petit nombre même.

Une nouvelle lettre de Louis-Napoléon vint mettre un terme à ces débats, au grand désappointement de leurs auteurs.

»Londres, le 15 juin 1848.

» MONSIEUR LE PRÉSIDENT,

» Je suis fier d'avoir été élu représentant du peuple à Paris et dans trois autres départements, c'était à mes yeux une ample réparation pour trente années d'exil et six ans de captivité ; mais les soupçons injurieux qu'a fait naître mon élection, mais les troubles dont elle a été le prétexte, mais l'hos-

---

(1) *Moniteur* du 16 juin 1848.

tilité du pouvoir exécutif, m'imposent le devoir de refuser
cet honneur qu'on dit avoir été obtenu par l'intrigue. Je désire l'ordre et le maintien d'une république sage, grande,
intelligente ; et puisque involontairement je favorise le désordre, je dépose, non sans de vifs regrets, ma démission entre
vos mains.

» Bientôt, j'espère, le calme renaîtra et me permettra de
rentrer en France comme le plus simple des citoyens, mais
aussi comme un des plus dévoués au repos et à la prospérité de mon pays (1).

» LOUIS-NAPOLÉON BONAPARTE. »

La lecture de cette lettre produisit une impression
indéfinissable ; l'Assemblée accepta la démission,
mais en stigmatisant toutes les calomnies, toutes les
déclamations, toutes les ambitions qui s'étaient dres-
sées contre le démissionnaire.

La Nation, ce juge suprême, protesta bientôt à
son tour contre l'opinion qu'on avait voulu imposer
à l'Assemblée nationale au sujet du neveu de l'empereur, et trois cent mille suffrages, dans quatre départements, le proclamèrent, pour la troisième fois, représentant du peuple.

Il n'était plus permis à Louis-Napoléon de refuser
un tel mandat. Il se rendit à Paris et vint prendre sa
place à l'Assemblée nationale.

Son admission, cette fois, fut prononcée sans qu'une
seule voix osât protester.

Louis-Napoléon demanda la parole, et, au milieu
d'un profond silence, parla en ces termes :

« J'ai besoin d'exposer ici hautement, et dès le premier jour où il m'est permis de siéger parmi vous, les
vrais sentiments qui m'animent.

» Après trente-quatre années de proscription et

(1) *Moniteur* du 17 juin 1848.

d'exil, je retrouve enfin ma patrie et mes droits de citoyen.

« La République m'a fait ce bonheur ; que la République reçoive ici mon serment de reconnaissance, mon serment de dévoûment ! Et que les généreux patriotes qui m'ont porté dans cette enceinte soient certains que je m'efforcerai de justifier leurs suffrages en travaillant avec vous au maintien de la tranquillité, ce premier besoin du pays, et au développement des institutions démocratiques que le peuple a droit de réclamer.

» Longtemps je n'ai pu consacrer à la France que les méditations de l'exil et de la captivité ; aujourd'hui la carrière où vous marchez m'est ouverte. Recevez-moi dans vos rangs, mes chers collègues, avec le même sentiment d'affectueuse confiance que j'y apporte. Ma conduite, toujours inspirée par le devoir, toujours animée par le respect de la loi, ma conduite prouvera, à l'encontre des passions qui ont essayé de me noircir pour me proscrire encore, que nul ici plus que moi n'est résolu à se dévouer à la défense de l'ordre et à l'affermissement de la République (1). »

Ces paroles, simples et dignes, furent favorablement accueillies par l'Assemblée et ramenèrent à Louis-Napoléon la plupart de ceux-là même qu'on avait un moment fait ses adversaires.

L'Assemblée nationale tout entière lui donna quelques jours après une preuve non douteuse de sa sympathie, en votant à l'UNANIMITÉ DES SUFFRAGES, le décret suivant, dernière condamnation du projet de décret présenté le 12 juin, que nous avons cité plus haut, page 188.

« L'ARTICLE 6 DE LA LOI DU 8 AVRIL 1832, RELA-

(1) *Moniteur* du 27 septembre 1848.

TIVE AU BANNISSEMENT DE LA FAMILLE BONAPARTE,
EST ABROGÉ (1). »

Après cela, qui pourrait penser que Louis-Napoléon dût encore être attaqué dans le sein de l'Assemblée nationale !

Il le fut cependant le 25 octobre. Par respect pour
l'Assemblée nationale, nous tairons ici les noms
des deux représentants qui osèrent ce jour-là manquer aussi gravement à la Nation et à l'Assemblée
nationale. Nous nous bornerons à citer ce que Louis-
Napoléon leur répondit :

« Citoyens représentants, dit-il, l'incident regrettable qui s'est élevé hier à mon sujet ne me permet
pas de me taire.

» Je déplore profondément d'être obligé de parler
encore de moi, car il me répugne de voir sans cesse
porter devant l'Assemblée des questions personnelles,
alors que nous n'avons pas un moment à perdre pour
nous occuper des graves intérêts de la patrie.

» Je ne parlerai point de mes sentiments ni de mes
opinions ; je les ai déjà manifestés devant vous, et
jamais personne n'a pu encore douter de ma parole.

» Quant à ma conduite parlementaire, de même
que je ne me permettrai jamais de demander à aucun de mes collègues compte de celle qu'il croira
devoir tenir, de même je ne reconnais à aucun d'eux
le droit de m'interpeller sur la mienne. Ce compte,
je ne le dois qu'à mes commettants.

» De quoi m'accuse-t-on ? D'accepter du sentiment populaire une candidature que je n'ai point re-
cherchée. Eh bien ! oui, je l'accepte, cette candidature qui m'honore ; je l'accepte, parce que trois
élections successives et le décret unanime de l'Assemblée nationale contre la proscription de ma fa-

_____

(1) Voir le *Moniteur* du 13 octobre 1848.

mille m'autorisent à croire que la France regarde le
nom que je porte comme pouvant servir à la conso-
lidation de la société ébranlée jusque dans ses fonde-
ments, à l'affermissement et à la prospérité de la République.

» Que ceux qui m'accusent d'ambition connaissent
peu mon cœur ! Si un devoir impérieux ne me rete-
nait pas au milieu de vous, si la sympathie de mes
concitoyens ne me consolait pas de l'animosité de
quelques attaques et de l'impétuosité même de quelques défenses, il y a longtemps que j'aurais re-
gretté l'exil.

» On me reproche mon silence! Il n'est donné
qu'à peu de personnes d'apporter ici une parole éloquente au service d'idées justes et saines. N'y a-t-il
donc qu'un seul moyen de servir son pays? Ce qu'il
lui faut, surtout, ce sont des actes ; ce qu'il lui faut,
c'est un gouvernement ferme, intelligent et sage, qui
pense plus à guérir les maux de la société qu'à les
venger, un gouvernement qui se mette franchement
à la tête des idées vraies pour repousser ainsi, mille
fois mieux que par les baïonnettes, des théories qui
ne sont pas fondées sur l'expérience et la raison.

» Je sais qu'on veut semer mon chemin d'écueils
et d'embûches ; je n'y tomberai pas. Je suivrai toujours, comme je l'entends, la ligne que je me suis
tracée, sans m'inquiéter, sans m'irriter. Rien ne
m'ôtera mon calme, rien ne me fera oublier mes devoirs. Je n'ai qu'un but, c'est de mériter l'estime de
l'Assemblée, et, avec cette estime, celle de tous les
hommes de bien, et la confiance de ce peuple ma-
gnanime qu'on a si légèrement traité hier.

» Je déclare donc à ceux qui voudraient organiser
contre moi un système de provocation, que dorénavant je ne répondrai à aucune interpellation, à aucune excitation, qui voudraient me faire parler
quand je veux me taire ; et, fort de ma conscience,

je resterai inébranlable contre toutes les attaques, impassible contre toutes les calomnies. (Très bien ! très bien ! (1) »

L'Assemblée tout entière accueillit ce discours par ses acclamations, et depuis ce jour Louis-Napoléon a pris une part assidue à ses délibérations.

Nous allons clore le récit de ses actes politiques par la reproduction du manifeste qu'il a publié à l'occasion de sa candidature à la présidence de la République.

LOUIS-NAPOLÉON BONAPARTE

A SES CONCITOYENS.

Pour me rappeler de l'exil, vous m'avez nommé Représentant du Peuple. A la veille d'élire le premier magistrat de la République, mon nom se présente à vous comme symbole d'ordre et de sécurité.

Ces témoignages d'une confiance si honorable s'adressent, je le sais, bien plus à ce nom qu'à moi-même, qui n'ai rien fait encore pour mon pays ; mais plus la mémoire de l'Empereur me protége et inspire vos suffrages, plus je me sens obligé de vous faire connaître mes sentiments et mes principes. Il ne faut pas qu'il y ait d'équivoque entre vous et moi.

Je ne suis pas un ambitieux qui rêve tantôt l'Empire et la guerre, tantôt l'application des théories subversives. Elevé dans des pays libres à l'école du malheur, je resterai toujours fidèle aux devoirs que m'imposeront vos suffrages et les volontés de l'assemblée.

Si j'étais nommé président, je ne reculerais devant aucun danger, devant aucun sacrifice pour défendre

(1) *Moniteur* du 27 octobre 1848.

la société si audacieusement attaquée ; je me dévoue-
rais tout entier, sans arrière-pensée, à l'affermissement d'une République sage par ses lois, honnête par
ses intentions, grande et forte par ses actes.

Je mettrais mon honneur à laisser, au bout de
quatre ans, à mon successeur, le pouvoir affermi, la
liberté intacte, un progrès réel accompli.

Quel que soit le résultat de l'élection, je m'incli-
nerai devant la volonté du peuple, et mon concours
est acquis d'avance à tout gouvernement juste et ferme
qui rétablisse l'ordre dans les esprits comme dans les
choses ; qui protége efficacement la religion, la famille, la propriété, bases éternelles de tout état so-
cial ; qui provoque les réformes possibles, calme les
haines, réconcilie les partis, et permette ainsi à la
patrie inquiète de compter sur un lendemain.

Rétablir l'ordre, c'est ramener la confiance, pourvoir par le crédit à l'insuffisance passagère des ressources, restaurer les finances.

Protéger la religion et la famille, c'est assurer la
liberté des cultes et la liberté de l'enseignement.

Protéger la propriété, c'est maintenir l'inviolabilité
des produits de tous les travaux ; c'est garantir l'indépendance et la sécurité de la possession, fonde-
ments indispensables de la liberté civile.

Quant aux réformes possibles, voici celles qui me
paraissent les plus urgentes :

Admettre toutes les économies qui, sans désorga-
niser les services publics, permettent la diminution
des impôts les plus onéreux au peuple ; encourager
les entreprises qui, en développant les richesses de
l'agriculture, peuvent, en France et en Algérie, donner du travail aux bras inoccupés ; pourvoir à la
vieillesse des travailleurs par des institutions de prévoyance ; introduire dans nos lois industrielles les
améliorations qui tendent, non à ruiner le riche au
profit du pauvre, mais à fonder le bien-être de chacun sur la prospérité de tous.

Restreindre dans de justes limites le nombre des emplois qui dépendent du pouvoir, et qui souvent font d'un peuple libre un peuple de solliciteurs.

Éviter cette tendance funeste qui entraîne l'Etat à exécuter lui-même ce que les particuliers peuvent faire aussi bien et mieux que lui. La centralisation des intérêts et des entreprises est dans la nature du despotisme. La nature de la République repousse le monopole.

Enfin, préserver la liberté de la presse des deux excès qui la compromettent toujours : l'arbitraire et sa propre licence.

Avec la guerre, point de soulagement à nos maux. La paix serait donc le plus cher de mes désirs. La France, lors de sa première révolution, a été guerrière, parce qu'on l'avait forcée de l'être. A l'invasion elle répondit par la conquête. Aujourd'hui qu'elle n'est pas provoquée, elle peut consacrer ses ressources aux améliorations pacifiques, sans renoncer à une politique loyale et résolue. Une grande nation doit se taire ou ne jamais parler en vain.

Songer à la dignité nationale, c'est songer à l'armée dont le patriotisme si noble et si désintéressé a été souvent méconnu. Il faut, tout en maintenant les lois fondamentales qui font la force de notre organisation militaire, alléger et non aggraver le fardeau de la conscription. Il faut veiller au présent et à l'avenir, non-seulement des officiers, mais aussi des sous-officiers et des soldats, et préparer aux hommes qui ont servi longtemps sous les drapeaux une existence assurée.

La République doit être généreuse et avoir foi dans son avenir; aussi, moi, qui ai connu l'exil et la captivité, j'appelle de tous mes vœux le jour où la patrie pourra sans danger faire cesser toutes les proscriptions et effacer les dernières traces de nos discordes civiles.

Telles sont, mes chers concitoyens, les idées que

j'apporterais dans l'exercice du pouvoir, si vous m'appeliez à la présidence de la République.

La tâche est difficile, la mission immense, je le sais ! Mais je ne désespérerais pas de l'accomplir en conviant à l'œuvre, sans distinction de partis, les hommes que recommandent à l'opinion publique leur haute intelligence et leur probité.

D'ailleurs, quand on a l'honneur d'ê re à la tête du peuple français, il y a un moyen infaillible de faire le bien, c'est de le vouloir.

LOUIS-NAPOLEON BONAPARTE.

Paris, le 27 novembre 1848.

***

Nous avons présenté en son entier la vie du prince, dont le nom est aujourd'hui, dans toutes les bouches, accompagné de critiques ou de louanges, et jusqu'à la dernière page de ce livre nous avons voulu rester en dehors de tout esprit de parti. L'historien n'est un guide, qu'à condition qu'il ne fera pas violence à l'opinion publique ; laborieux artisan, il doit se contenter de réunir en une seule et utile mosaïque les faits, les dates, les événements, afin que, pourvu de ces autorités irréfutables, le lecteur puisse, comme un juré pénétré de ses devoirs, rentrer au fond de sa conscience et prononcer en toute connaissance de cause.

Nous n'avons donc pas voulu servir un candidat à la présidence, nous avons cherché à faire connaître un citoyen français souvent calomnié, presque toujours méconnu ; à cet effet, nous avons voulu démontrer, aux yeux de tous son ardent amour pour sa patrie, les sacrifices qu'il lui inspira, le dévouement qu'on doit en attendre , et la manière fructueuse dont, puissant mobile, il sera en toute occurrence énergiquement employé.

Afin qu'on ne puisse pas nous accuser de partialité, nous avons souvent usé du droit du chroniqueur en empruntant, à tous les écrivains qui ont fait la biographie du Prince , d'importants passages de leurs travaux biographiques. Nous n'avons laissé aucun point dans l'ombre, car on trouvera aussi bien dans le compte-rendu des affaires de Strasbourg et de Boulogne, les réquisitoires des gens du roi, que les manifestes et les défenses du Prince accusé.

Ainsi faite, cette histoire n'est point nous le répétons, une publication écrite dans un intérêt électoral; elle mérite de survivre aux émotions du scrutin , et de rester, à titre d'archives utiles à consulter, dans la bibliothèque du citoyen français. C'est un curieux appendice à nos chroniques nationales, que cette vie aventureuse mais déjà si bien remplie, que cette lutte d'une jeune et ardente intelligence à la recherche de tout ce qui est grand, de tout ce qui est beau, de tout ce qui est utile à la patrie.

Un jour viendra où une plume plus éloquente que la nôtre tracera, sur le vélin, le portrait complet du neveu de Napoléon , car c'est là un sujet plein de charme , sympathique à plus d'un grand talent. Ce jour, nous le verrons poindre avec bonheur, et nous serons bien heureux si l'humble silhouette, esquissée par nous, peut servir de document à l'accomplissement de l'œuvre définitive.

NOTICE GÉNÉRALE

SUR LA FAMILLE BONAPARTE.

On trouve, sur l'origine de la famille Napoléon, des documents authentiques qui en démontrent l'ancienneté. Ce n'est pas que les membres de cette race impériale soient le moins du monde glorieux de leur souche antique, mais il n'est pas sans intérêt de compléter cette histoire par des renseignements précis.

La pièce dont nous parlons est une lettre d'Édouard III, roi d'Angleterre, qui se trouve dans les manuscrits de l'Echiquier :

« Edward, par la grâce de Dieu, roi d'Angleterre, seigneur d'Irlande et duc d'Aquitaine, as trésorier et chamberlains de notre escheker, salut :

» Nous vous mandons de vous facer acompter od le porter de cester, procurateur l'onérable juere en Dieu Néapoléon, cardinal de la Sainte Église de Rome, des arrérages de l'annuèle empension de 50 marcs qu'il prist de notre très-chier seigneur et père que Dieu essoi.

» Et de ces que serra trove que dur lui est, lui facer faire paiement ou assignement covenable dont il pura être prestement paier.

» Don' sous notre prive seal, à Evicole le XXVIII jour de sept', l'an de notre règne primer.

» EDWARD III. »

Ligne naturelle.

CHARLES-MARIE BONAPARTE, né le 29 mars 1746, fut député par la noblesse de Corse auprès du roi de

France. Il épousa *Lætitia de Ramolino*, et mourut à Montpellier, en 1785.

De son mariage naquirent huit enfants :

1° JOSEPH-NAPOLÉON BONAPARTE, roi de Naples, puis d'Espagne, comte de Survilliers, né à Corte, le 7 janvier 1768, mort le 7 avril 1845.

Marie-Julie-Clary, sa femme, fille d'un négociant de Marseille, et sœur de l'épouse de Charles-Jean (Bernadotte), roi de Suède, née en 1777. De ce mariage :

Zénaïde-Charlotte-Julie, née en 1804 ; mariée en 1822, à Charles-Lucien-Jules-Laurent Bonaparte, prince de Musignano, son cousin, fils de Lucien ;

Charlotte, mariée à son cousin, Napoléon-Louis, fils de Louis ; veuve le 17 mars 1831, décédée en 1839.

2° NAPOLÉON BONAPARTE, né à Ajaccio le 15 août 1769, empereur des Français le 18 mars 1804, sacré et couronné le 2 décembre de la même année, roi d'Italie le 26 mars 1805, protecteur de la confédération du Rhin, médiateur de la confédération suisse. Il épousa : 1° le 8 mars 1796, *Marie-Rose-Joséphine Tascher de la Pagerie*, née à la Martinique, le 24 juin 1763, veuve d'*Alexandre*, vicomte *de Beauharnais* ; morte à la Malmaison, le 29 mai 1814, divorcée depuis 1810 ; 2° le 2 avril 1810, *Marie-Louise-Léopoldine-Françoise-Thérèse-Joséphine-Lucie*, archiduchesse d'Autriche, née le 12 décembre 1791. — Mort à l'île Sainte-Hélène, le 5 mai 1821. Du dernier mariage naquit :

Napoléon-François-Charles-Joseph Bonaparte, né à Paris le 20 mars 1811, prince impérial des Français, roi de Rome, duc de Reichstadt, mort à Vienne le 22 juillet 1832.

3° LUCIEN BONAPARTE, prince de Canino, né à Ajaccio en 1775, mort à Viterbe, le 25 juin 1840. Il épousa, en premières noces, en 1795, Christine Boyer, morte en 1801; et, en secondes noces, *Alexandrine Bles-champ*, née à Calais en 1778.

Les enfants du prince de Canino, sont :

Charles-Lucien-Jules-Laurent Bonaparte, prince de Canino et de Musignano, né en 1803; marié en 1822, à *Zénaïde-Charlotte-Julie*, fille de Joseph ;

Louis-Lucien Bonaparte, né en 1813 ;

Pierre-Napoléon Bonaparte, né à Rome en 1815, aujourd'hui représentant de la Corse à l'Assemblée nationale;

Antoine Bonaparte, né en 1816 ;

Paul Bonaparte, mort en Grèce;

Charlotte Bonaparte, née en 1796, fille de sa première femme, mademoiselle Boyer; mariée au prince Gabrielli ;

Christine-Egypta Bonaparte, née en 1798; fille de sa première femme; mariée à lord Dudley Stuart;

Lœtitia Bonaparte, née en 1804; mariée à monsieur Wyse, gentilhomme irlandais ;

Alexandrine-Marie Bonaparte, née en 1817 ;

Constance Bonaparte, née en 1823, religieuse au Sacré-Cœur, à Rome;

Jeanne Bonaparte, mariée au marquis Honorati.

Du mariage de Lucien Bonaparte avec sa cousine, sont nés :

Joseph-Lucien-Charles-Napoléon-Bonaparte, prince de Musignano, né à Philadelphie, le 13 février 1824 ;

Lucien-Louis-Joseph-Napoléon Bonapart, né Rome, le 15 novembre 1828;

Julie-Charlotte-Zénaïde-Pauline-Lœtitia-Désiré-Bartholomée Bonaparte, née à Rome, le 6 juin 1830;

Charlotte-Honorine-Josephine Bonaparte, née à Rome, le 4 mars 1832 ;

Marie-Désirée-Eugénie-Joséphine-Philomène Bonaparte, née à Rome, le 18 mars 1835 ;

Auguste—Amélie-Maximilienne-Jacqueline Bonaparte, née à Rome, le 9 novembre 1836 ;

Napoléon-Grégoire-Jacques-Philippe Bonaparte, né à Rome, le 5 février 1839 ;

Bathilde-Aloïse-Léonie-Bonaparte, née à Rome, le 26 novembre 1840.

Albertine-Marie-Thérèse Bonaparte, née à Florence, le 12 mars 1832, morte le 3 juin 1842 ;

Charles-Albert Bonaparte, né le 22 mars 1843.

4° LOUIS BONAPARTE, comte de Saint-Leu, (roi de Hollande), né à Ajaccio, le 2 septembre 1778, mort le 25 juillet 1846 ;

Hortense-Eugénie de Beauharnais, fille de l'impératrice Joséphine, sa femme, née en 1783, morte en 1837, enterrée à Rueil, près de sa mère. De ce mariage ;

Napoléon Charles, mort en 1807 ;

Napoléon-Louis, né en 1804, décédé à Forli, en 1831 (grand duc de Berg et de Clèves), époux de Charlotte, sa cousine, fille de Joseph ;

Louis-Napoléon (le prince Louis), né le 20 avril 1808. Représentant du peuple.

5° JÉROME, (roi de Westphalie), prince de Montfort, né le 15 décembre 1784 ;

Frédérique-Catherine-Sophie-Dorothée, princesse royale de Wurtemberg, sa femme, née en 1783, morte le 28 novembre 1835.—Leurs enfants sont :

Jérôme-Napoléon-Charles, prince de Montfort, né en 1814, mort en 1847 ;

Napoléon-Joseph-Charles-Paul Bonaparte, prince de Montfort, né en 1822, représentant du peuple ;

Mathilde Lœtitia-Wilhelmine Bonaparte, née en 1820, mariée au comte Demidoff, en 1841.

6° MARIE-PAULINE BONAPARTE, reconnue par l'empereur son frère, en qualité de princesse et duchesse de Guastalla, le 30 mars 1806, mariée : 1º au général *Leclerc* ; 2º le 6 novembre 1803 au prince *Camille Borghèse*. Elle mourut sans laisser d'enfants.

7° MARIE-ANNE-ÉLISA BONAPARTE, née à Ajaccio le 3 janvier 1777, princesse de Lucques et de Piombino, grande-duchesse de Toscane, mariée, le 5 mars 1797, au prince *Félix Bacciochi*, morte au mois d'août 1820, laissant deux enfants :

Napoléon-Élisa Bacciochi, née le 3 juin 1806, mariée au comte *Camerata*;

Frédéric Bacciochi, mort à Rome.

8° MARIE-ANNONCIADE-CAROLINE BONAPARTE, née à Ajaccio le 25 mars 1782, mariée, le 20 janvier 1800, à *Joachim Murat*, roi de Naples le 15 juillet 1808; grand-amiral de France. Elle mourut à Florence, connue sous le nom de comtesse de *Lipona*, le 18 mai 1839, laissant pour enfants :

Napoléon-Achille-Charles-Louis Murat, prince royal des Deux-Siciles, né le 21 janvier 1801, mort le 15 avril 1847 ;

Lœtitia-Josèphe Murat, née le 25 avril 1802, mariée au comte *Pepoli* à Bologne ;

Lucien-Charles-Joseph-François-Napoléon Murat, né le 16 mars 1803, élu, en 1848, par le département du Lot, représentant du peuple à l'Assemblée nationale ;

Louise-Julie-Caroline Murat, née le 22 mars 1805, mariée au comte *Rasponi* à Ravenne.

Ligne adoptive.

Le prince EUGÈNE DE BEAUHARNAIS, frère de la reine Hortense, épousa *Auguste-Amélie*, fille du roi de Bavière *Maximilien-Joseph*. Il eut pour enfants :

Maximilien-Joseph-Eugène-Auguste-Napoléon de Beauharnais, duc de Leuchtemberg, qui a épousé, le 14 juillet 1839, *Marie-Nicolaïewna*, fille de S. M. l'empereur de Russie ;

Joséphine-Maximilienne-Eugénie de Beauharnais, mariée, le 19 juin 1823, à *Joseph-François Oscar Ier*, roi de Suède ;

Eugénie-Napoléone de Beauharnais, mariée, le 22 mai 1826, à *Frédéric*, prince régnant d'Hohenzollern-Héchingen ;

Amélie de Beauharnais, mariée, le 2 août 1829, à *Dom Pedro*, empereur du Brésil ;

Auguste de Beauharnais, qui a épousé, le 26 janvier 1835, *Dona Maria II*, reine de Portugal, mort le 28 mars de la même année ;

Théodelinde-Louise-Eugénie-Napoléone de Beauharnais, mariée, le 8 février 1841, à *Guillaume*, comte de Wurtemberg.

Joséphine-Frédérique-Louise, née en 1813 ; veuve de M. Querelles, mariée le 21 octobre 1848, en l'église Notre-Dame-de-Lorette, à M. Laity, ex-compagnon de captivité du prince Louis.

Théodelinde-Louise-Eugénie, née en 1814.

STÉPHANIE-LOUISE-ADRIENNE NAPOLÉON, fille adoptive de l'empereur, grande duchesse douairière de Bade, née en 1789, veuve de Charles-Louis-Frédéric, grand duc de Bade, mort en 1818. — Leurs enfants sont :

Louise-Amélie-Stéphanie, née en 1811 ; mariée au

prince Gustave Wasa, de l'ancienne maison royale de
Suède ;

Marie-Élisabeth-Amélie-Caroline, née en 1847.

Princes vivants de la famille de Napoléon.

Il ne reste donc plus de la famille de Napoléon
Bonaparte, que les héritiers suivants :

Jérôme, frère de l'Empereur.

Quatre fils de Lucien :

Charles-Lucien et ses fils ;

Louis ;

Pierre et Antoine, Le premier a été élu représentant du peuple.

Napoléon-Louis, dit le prince Louis, fils du roi de
Hollande, représentant du peuple.

Napoléon Bonaparte, fils de Jérôme, représentant
du peuple.

Napoléon-Lucien-Charles, fils de la reine de Naples,
et Joachim Murat, son fils, représentant du peuple.

Nous devons parler d'abord du roi Jérôme et pour
donner sa biographie exacte, il nous suffira de citer
les lignes suivantes d'une dame qui s'est distinguée
dans les lettres, Mme Boïeldieu d'Auvigny.

Jérôme, roi de Westphalie.

Jérôme est actuellement le dernier frère vivant de
l'Empereur. Il naquit à Ajaccio le 15 novembre 1784.
Il fit partie de l'expédition de Saint-Domingue, commandée par le général Leclerc. Envoyé ensuite aux

États-Unis, il y épousa Mlle Paterson. Ce mariage
déplut au premier consul, qui le fit casser. Jérôme
se soumit à la volonté de son frère, mais il veilla
toujours de loin sur le fils né de ce mariage. Ce fils
est mort depuis quelques années. Jérôme se distingua
plusieurs fois avec éclat dans la guerre de Prusse et
durant la campagne de Silésie. Enfin Napoléon forma
pour lui le royaume de Westphalie, et lui fit épouser
la princesse Catherine, fille du roi de Wurtemberg.

Le nouveau souverain établit sa résidence à Casse.
Il sut s'entourer d'hommes distingués et capables de
l'aider dans l'organisation de ses nouveaux états I
gouverna avec sagesse, fonda plusieurs établisse
ments utiles, et fit bénir son nom. Malheureusemen
il régna trop peu de temps pour le bonheur de se
peuples.

Les événements de 1814 arrivèrent. Jérôme n'a-
bandonna point son frère malheureux; il ne le quitta
point tant que Napoléon eut besoin de son courage
et de son épée. Après la désastreuse campagne de
Waterloo, où il fit des prodiges de valeur, il retourna
en Wurtemberg rejoindre la reine Catherine, dont
l'affection lui paraissait s'accroître en raison de ses
malheurs; et même, à cette époque, le roi de Wurtemberg, l'ayant engagée à se séparer de son mari,
elle lui envoya un refus formel, dans une lettre véritable chef-d'œuvre de sentiment et d'amour conju-
gal. Après un an de dure captivité dans le Wurtemberg, le roi Jérôme, sous le nom de prince de Montfort, habita successivement avec sa famille Schönan,
Trieste, Rome, Florence, et enfin Lausanne, où il
eut la douleur, en 1835, de perdre la noble et dévouée Catherine. Il en avait eu trois enfants: Jérôme-
Napoléon, qui mourut le 12 mai 1847; la princesse
Mathilde, mariée en 1840 au comte Anatole Demidoff; le prince Napoléon, qui vient d'être élu représentant du peuple, dont il a su mériter la sympathie
moins encore par sa frappante ressemblance avec

l'Empereur que par la noblesse de son caractère
l'élévation de ses sentiments, véritablement et sag'
ment libéraux.

Voici quelle est la vie des cousins de Louis-Napo.
léon, nommés tous trois représentants du peuple:

Bonaparte (Napoléon) est le fils de Jérôme, il es
né en 1822. Il a demandé en vain à servir la France
Le système des Orléans s'y opposa constamment; s
jeunesse s'est passée dans le Wurtemberg. C'est u
esprit jeune, ardent, entreprenant, mais plein d
franchise et de loyauté. Il demeure à Paris avec so
pèr.

Pierre Napoléon, fils de Lucien; il est républicai
de naissance, car on se souvient de l'indépendanc
de Lucien, qui se sépara de Napoléon quand il quitt
son beau titre de premier consul pour celui d'Empe
reur.

Napoléon-Lucien-Charles Murat est né en 1802 ; il
est fils de Murat, roi de Naples. Il a été élevé ai
milieu des splendeurs de la cour, mais de bonne
heure il a appris à la rude école de l'expérience que
c'est dans la démocratie que doivent se retremper
les grandes intelligences quand elles veulent servir
au bonheur universel.

FIN.

TABLE DES MATIÈRES.

CHAPITRE III.

CHAPITRE IV.

CHAPITRE V.

CHAPITRE VI.

www.ingramcontent.com/pod-product-compliance
Lightning Source LLC
Chambersburg PA
CBHW061016280326
41935CB00009B/991